世界が変わる学び

ホリスティック／シュタイナー／オルタナティブ

吉田敦彦●著
Yoshida Atsuhiko

Learning to Transform the World

Holistic/Steiner/Alternative

ミネルヴァ書房

はじめに

若いころのエッセイを一つ。

今日は、雨の日曜日……。
小さな子どものころ、雨の日って好きだったな。おうちの中で雨の音を聞いていると、心がしんとしてくる。

　雨のおとがきこえる／雨がふっていたのだ／
　あのおとのようにそっと／世のためにはたらいていよう／
　雨があがるように／しずかに死んでゆこう

とかいう詩歌があった。八木重吉のだったたっけ。
　きっといつも、耳をすませば、雨の音が聞こえるのだろう。こちらがざわざわと雑音を出しているので、聞き取れなくて、忘れてしまっている。そのあいだにも雨は、しずかに大地を潤し、いのちを育て、土に浸透して自らを浄化し、脈々とした地下水脈となって、いつかまた、泉や海から天に昇る。だれに命じられるまでもなく、見ている人がいてもいなくても、もくもくとはたらいている。

そうありたいと思う。その一方で、人間である自分をもてあます。雨には雨の、樹には樹の、花には花の、蜜蜂には蜜蜂の、はたらきがある。みんなそれぞれ違った自分の小さな、でもかけがえのない持ち分を生きながら、調和した世界を生かしている。そのつながり合ういのちの中で、人間という生き物にも他の生物にはない役割があるとすれば、それはどんなものなのだろう。生まれてこなければよかったようなもの、無意味な生命など、この宇宙にないのだとすれば。

あなたにはあなたの、彼女には彼女の、わたしにはわたしの、それぞれの持ち味を生かすべく、この世にひととき置かれている。自分がすべてを背負う必要はなし、わたしがあなたのようになる必要はなし。あることをできないわたしがいるから、それをできるあなたが生き、あることをできないあなたがいるから、それをできるわたしが生かされる。

みんながすべてのことを同じ様にできるようにしてやろうという善意で固めた教育観が、重い荷物を背負わせる。——いいじゃない、できなくても、それはあの子が上手だから。あなたには、これができるんだから。雨の日曜日には、遠くからこんなメッセージが聞こえてくる気がした。

……この三月はよく雨がふった。ひと雨ごとに、春がやってきた。

（これは後日、『エコ・ダイアリー歳時記１９９６』（エコビレッジ基金）の弥生三月の頁に掲載された。）

雨の日曜日に、彼方から聞こえてくるメッセージ。固まった教育観を柔らかく潤して解きほぐしてくれる、そんなもうひとつの教育観があるのだろうか。自分が好きだと思えるような学校のかたちって、どのようなものか。それはどんなふうにして、創れるのだろう。

それを問いたくて、たずねもとめて、三十余年。その旅の途上で、「オルタナティブ」、「シュタイナー学校」や「多様な学び」、「ユネスコ・ＥＳＤ」や「サステイナビリティ」、「ケア」や「教育×福祉」、それらを貫く「ホリスティック」といった一連のコンセプトに出会ってきた。

本書では、出会いに呼びかけられて折々に書き留めた小さな文章を編みながら、もうひとつの教育・学びのあり方を問いつづけた旅の軌跡をたどってみたい。筆者の二〇歳代（一九八〇年代）からの若書きも敢えて含め、一九九〇年代、二〇〇〇年代、二〇一〇年代へと続くパーソナルなライフヒストリー。その個的なナラティブ（もの語り）が、他の仲間たちの幾多の営みと響き合って、この時代に何がしかの普遍的な意味をもてば幸いである。

私の手　あなたの手
手は動く　手は働きたい
私の手はあなたを助け

あなたの手は　みんなを助ける
手は　世界の中に入っていき
人間のために働く
私の手　あなたの手
世界が動く　世界が変わる
この手の仕事で

シュタイナー学校の「手仕事」という授業で、いつも子どもたちが唱和している詩だ。

折しも、シュタイナー学校一〇〇周年（二〇一九年）の記念行事が日本各地で開催されていて、そのメインテーマは、「世界がかわる学び」。これにインスパイアされて、本書のタイトルが決まった。その意味合いは、最後にたどりつく終章で語ることにしよう。

世界が変わる学び——ホリスティック／シュタイナー／オルタナティブ

目次

第3章 【二〇一〇年代】 オルタナティブな学びと公共世界の対話
——ユネスコ、多様な学び、ESD……129

序　章　【旅のはじまり】もうひとつの教育をたずねて

序章では、「もうひとつの教育」を追い求めることになった原点となる、高校生時代の体験をつづるエッセイからはじめる。大学の教育学部に入って学んだことの一つは、近代学校というものが、社会の近代化のための手段として制度化されたものだ——学ぶ歓びを子どもたちに贈ろうとするものでなく——というシンプルな事実だった。「学校の中の（授業や先生の）問題」だと思っていたことが、「学校という問題」なのであり、その背後には、「社会のあり方の問題」、「〈近代〉という時代をどう生きるかという問題」が関与していることに気づく。社会へのプロテストを試みても壁は厚い。そこで一九八〇年代半ば（二〇代半ば）、日本の社会を離れてメキシコなど中米の国々に飛び立ち、近代文明から距離をとった暮らしのもつ魅力にふれた。序章の続く二つの節は、そこでリアルな実像にふれて確信を得た「もうひとつの生き方」の可能性についての見聞記である。

1　〈いのち〉の現在、もうひとつの教育——自死した子どもたちの声に寄せて

〈いのち〉の悲しむ声

「かえしてよ　大人たち
なにをだって
きまってるだろ
自分を　かえして
おねがいだよ」
（岡真史　一九七五年七月一七日自死。享年一二歳。[1]）

今日は九月一日。今年も夏休みが終わり、新学期がはじまった。朝刊に、「全国で中高生七人が自殺」の記事。——眠らせることのできない記憶が、またむっくり起き上がってきて、からだ

（1）　岡真史（著）高史明・岡百合子（編）『ぼくは12歳——岡真史詩集』筑摩書房、一九七六年。

の中でむずかりはじめる。

一七歳、高校二年の夏休みが明けた日のこと。受験校だった母校の校長先生が、全校生徒を校庭に整列させた始業式で、朝礼台の上から訓話をしている。「……勉学の秋がはじまる。夏休みの間に緩んだ気持ちを引き締めなおして頑張るように。」そして最後に、あたかも事務的な報告をするかのような口調でこう付け加えた。「夏休みの終わりに一年生のある生徒が自殺しました。彼はちょっと特別な生徒で弱い人間だった。君たちはあまり気にせず、動揺することなく、自分たちの本分、自分たちが高校生としてやるべきこと、すなわち勉強に励むように。以上。（キヲツケ！　レイ！）」

一瞬、生徒たちを重い沈黙が包み、そしてざわめきが起こる。それをかき消すように、進行役の先生が各種委員会からの連絡を指示する。滞りなくいつものように式は進み、こうして彼は、彼の死は、葬られた。黙禱を捧げることもなく、「彼は弱い人間だった」と言い放たれ、突き放たれて。その言葉の凍りつくような響きとともに、今もその時に止まらなくなった身震いが蘇ってくる。彼の魂は、今どこをさまよっているのだろうか。

「気にせず、動揺しないで。」しかし私たちは動揺した。むしろその言葉のゆえに動揺した。ひとりの人間の死よりも、全体の秩序の維持を優先させる学校と社会を目の当たりにして。人の死を無意味にできる社会の中で、生の意味は見えない。葬り去られた彼の死は、私たちの生きている場のあり様を、あからさまに映し出した。その後、連鎖するように自死の未遂があった。彼は

「特別」なのではなかった。ちょっとしたきっかけで私たちも彼と同じ選択をしうる。それほどまでに、私たちはいのちから遠ざかってしまっていた。

生を享けたときに大いなるいのちから注ぎ込まれたみずみずしい命は、日を追うにつれて私たちの殻の中でこわばっていく。気がついたときにはすでに、滔々としたいのちの大河から、コンクリートの岸辺に打ち上げられて、かさかさに干し上げられようとしている。水分を失うまいとすれば、さらに自我の殻を固く厚くして、蒸発を防がなくてはならない。閉塞した自我の囲いの内側は、息苦しい。広々としたいのちの流れに還りたい……。〈いのち〉の悲しむ声が遠くに聞こえる。

「学校なんて大キライ　みんなで命を削るから」

（尾山奈々　一九八四年一二月三日自死。享年一五歳。）(2)

〈いのち〉に寄り添う――もうひとつの生き方へ

いったいどうして、人間という生き物は、こんなにも〈いのち〉を悲しませるのだろう。

遠い昔、すべての生きとし生けるものを産み育んできた〈いのち〉の懐から、〈いのち〉の内に在り

（2）　尾山奈々『花を飾ってくださるのなら――奈々十五歳の遺書』講談社、一九八六年。

ながら同時にその外にも立つことができるという特異な生物＝人間が誕生した。それでも長いあいだ人間たちは、母なる〈いのち〉に畏敬をもって寄り添いながら暮らしてきた。しかしやがて近代を迎え、〈いのち〉からの自立を高らかに宣言した近代的自我は、臆することなく自然に立ち向かい、それを対象化して〈いのち〉を抜き去り、技術的操作的に支配してこの巨大な産業文明を築きあげた。近代学校制度は、この産業化を推進する起動力としての役割を担った。〈いのち〉から自立するとともに疎外された近代精神が、このままこの文明を「進歩」させ続けるとすれば……。

「はったつ、むかしのそうじはほうきで、今はそうじき。人間は今どんどん進歩している。
一歩道をまちがえると、死。」
（杉本治　一九八五年二月一六日自死。享年一一歳。[3]）

「人間の文化は、また人間をほろぼしてしまうものなのです。」（尾山奈々、前掲書）

〈いのち〉と人間との関係のあり方を、新しい次元に据え直すこと。たとえば和田重正[4]は『もうひとつの人間観[5]』という著書の中で、すべての生物の誕生と進化は「いのちの自己表現」であり、人間という生物が現れたのは、いのちが「自覚ある生物の個体」を地上に実現しようとしたからではないか、と述べている。「外界と自己のいのちの呼応の悦び」（和田）を深く味わい、いのちの自己表現としての自己の生の意味を自覚すること。近代が獲得してきた技術を、大いなるいのちの流れに沿う方向に、すべての命たちの共存共生のために、自制された責任ある自覚をもって活用すること。〈いのち〉の側から人間をみた「もうひとつの人間観」。これを視座に据えて、地球生命圏（ガイア）における人間という生物の使命を、そして人類の歴史における近代という特殊な一時期のもつ意味を、さらにそこから、単なる反近代でも前代への回帰でもなく近代を踏み越えていく方向を、探し求めたい。

「進歩のための学校」に代えて——もうひとつの教育

「……学校は、人が作ったものだから人は必要なものと思うだろう。だけどだ、学校を行ってしあわせになるかだ。……進歩のためだ、学校がなければ進歩がしない。金もいらない、これくらいで進歩を止めた方がいいと思う、……」（杉本治、前掲書）

（3）杉本治『マー先生のバカ——小学五年生が遺した日記』青春出版社、一九八五年。
（4）和田重正（一九〇七—一九九三）。もうひとつの学び場の草分けの一つ、「一心寮」を神奈川県丹沢山中に創設し、悩める若者たちと生活をともにした。なお、一九九五年以降は「くだかけ生活舎」と名称が変更され、現在も活動は続いている。
（5）和田重正、地湧社、一九八四年。

幼く若いけれどもそれだけ鋭敏な感受性が、近代の終末としての現代を呼吸する。「今、子どもなり青年なりが、いよいよこれは行き詰まりだなっていうことを、何となく思っているということは、これはもう大したことだと思うんですね。辛いことだけども、その辛さのなかに光があるなと思う[6]」。このかすかな光を集めることで、後近代に呼び求めるべき「もうひとつの学校」の姿を照らし出すことはできないか。

現存の学校制度を支える近代的地平を是認したまま、かたくなにその延命をはかろうとすれば、事態は一層悪くなるだろう。〈いのち〉のはたらきを看過した近代的な諸原理は、今総体として転換点に差しかかっており、近代学校制度の特殊近代的な特質もまた、そう遠くない将来に、根本的な改変を迫られる。私たちはこのことを視野に入れながら、現存の学校制度に対してどのようなスタンスをとっていくのかを考えてみなければならない。

子どもたちが現に今、その学校に通いつづけているかぎり、対症療法的な関与は必要だろう。その一方で、いわば根治療法的な見通しをもって、今は〝中心〟に位置している近代公教育制度の〝周縁〟に、代案となるべき「もうひとつの学校」を少しずつ現実化していく努力も重ねたい。どんなものでもそれが本質的に新しく生まれ変わるときというのは、旧きものの〝中心〟にではなく、その〝周縁〟に、新しきものの萌芽が生まれるのであろうから。

2　〈いのち〉を表現する暮らしと子ども
――グァテマラ高原・手織りの世界から

グァテマラ高原の手織りの村にて

中米・グァテマラ高原の山あいにアティトランという名の湖がある。豊かな湖水を深く湛《たた》え、周囲の山々を静かな湖面に映す。この湖に寄り添うようにして、ここにも旧くから人々が棲みついてきた。高原マヤ族（キチェ族）とよばれる人々。男たちは、湖に舟を浮かべて小魚たちの影を追う。山に分け入って薪を担ぐ。そして女たちは……。

女たちは、朝早くから母や姉の家へ集まってきて、その軒先で手織りをはじめる。傍らに子ども。サンホルへという小さな集落を歩いていたときのこと。彼女たちが織り込んでいる色彩に目を奪われて、ある家の前で立ち止まってしまった。色が日ざしを照らし返して樹々の緑と交響する。

しばらくして一人のおばさんが立ち上がってこちらに近寄り、少しはにかむように、何がほしいのか、と尋ねる。見せてほしい、と答えると、庭の中に招き入れてくれた。静かに腰をおろす。

（6）　和田重正『自覚と平和』くだかけ社、一九八七年。

日だまりの中で手仕事が続けられる。リズムのある鮮やかな手つき。浮かびあがってくる色模様。楽しい。すると、そこにいた女の子が小走りに庭をとび出していった。

すぐに一組の織りかけの織物と道具を抱えて、女の子が戻ってくる。お母さんに手伝ってもらって、一方の端を樹の幹に吊り下げ、他方の端をしっかりと自分の腰にゆわえつけて、縦糸を張りつめる。そうして居ずまいを正して構える。チラチラとこちらをうかがうようにしながら織りはじめた。三分の二ほど織り上がっている。お姉さんたちのものと比べても見事なものだ。幅は女の子が両手を伸ばしてやっと届くほど広いし、糸の色も多様で模様も複雑だ。きれいだね、上手だね、と声をかけると、彼女はクリクリとした目を輝かせて、真直ぐにこちらを見つめ、誇らしげにほほえんでみせた。

生成し表現する〈いのち〉

一〇歳になったその子は、この大作を完成させたとき、一人前の大人の仲間入りをするのだという。手つきこそまだぎこちないけれど、ときどき手ほどきを受けながら、じっと糸を見つめて横糸を縦糸に通し、両手を伸ばして板を握りしめ、懸命に糸を絞めあげていく。その一本一本の横糸が絞められるごとに、彼女は一歩一歩着実に大人になっていく。彼女の身体的な動作そのものはそれほど大きくないのに、一つひとつの動きの中に、生き生きとした生命（いのち）があふれ出してくる。躍動し生成する生命。それが彼女の小さな身体を通して表現してくる。

いのちを表現していくことが、人間が人間になるということ。〈いのち〉と〈表現〉という言葉を、こんなふうに使ってみたくなる。

彼女を通して表現されてくる〈いのち〉は、一枚の織物の中に織り込まれて、具体的な生活の中に結実していく。それは抽象的な虚空の中に霧散するのではない。人間が〈いのち〉を表現する、そのことと日々の暮らしが一体となっている世界。〈表現〉の中に暮らしがあり、子どもがいる。そのような暮らしの中では、暮らしの厚みそのものが子どもを育てる。子どもは、自分が大きくなるということが、この世界のうちに自らを〈表現〉していくことであることを、具体的な手応えをもって知ることができる。

〈手織りの世界〉と〈機械織りの世界〉のあいだで

彼女たちの織物を見ていると、ただキレイだけではすまない不思議な力を感じる。原色を組み合わせた強烈な色彩。織り込まれたさまざまな生き物たちのユニークな図柄。その、ときに幻惑的な色彩は、薬草による陶酔状態で見る幻覚に由来するのではないか、などと近代人は言ったりする。意識の底の無意識の深みから、〈いのち〉の根っこから噴き上げてくる生々しい原色の世界。

視ることのできないものは非合理なものとして脱色し漂白してしまった近代的な意識には幻覚としてしか見ることのできない世界を、彼らは日常の生活の中で息づかせている。その世界の中に彼らは、混沌とした魔性だけでなく、すべて生命あるものたちが共存する宇宙の秩序を見てとっているのではないか。そしてその生命のコスモスを織り込んで身にまとう。彼らの風姿が一つの小宇宙として〈表現〉してくる。

〈手織りの世界〉と〈機械織りの世界〉。〈手織りの世界〉では糸一本ごとに表現されてくる〈いのち〉と出会い、宇宙（コスモス）と対話しながら、織物を織るその過程（プロセス）自体を生き尽くしていくことができる。一人ひとりの織り手の個性を〈表現〉することもできる。「機械」は、効率よく結果を得るために、できるかぎり過程を省略し画一的な規格品を大量に製造するし、また、そうできる。〈機械織りの世界〉の中の私たちの「学校」。

どちらか一つの世界を、いたずらに美化したりするのはやめよう。手織りの世界の表現的な豊かさと経済的な貧困。機械織りの世界の表現的な貧しさと経済的な豊かさ。二つの世界の二者択一ではなく、二つの世界を一つにして生きていく道はどこにあるのだろう。その道を私たちの、後方ではなく前方に切り拓き、一歩ずつ踏み固めていくこと。そこにこの国でこの時代を生きる私たち自身の、〈いのちの表現〉のあり方を見出していきたい。

3 〈今・ここ〉を生きる子どもたち――近代文明がタブー視してきたもの

メキシコの〈今・ここ〉を生きる子どもたち

なぜメキシコの子どもたちは、これほど〈今・ここ〉に感応して生きることができるのだろう。〈今・ここ〉を生きることが、なぜ刹那主義的な享楽へと上滑りせずに、このように「シンパティコ（共感的）」で「コンビビアル（共生的）」な〈つながり〉へと深まっていくのだろう。

一九八〇年代の半ば、メキシコ人の子どもが学ぶ学校で教えながら、こんな問いを抱えていた。メキシコ・シティにある日本メキシコ学院（日墨学院）という、メキシコ人と日本人の子どもたちがともに学ぶ学校。そのメキシコ人コースで日本語・日本文化の授業を担当しながら、日本人生徒と合同で行う運動会などの交流行事を運営していた。その中で、メキシコと日本の子どもたちの生きている世界の違いが、対照的に見えてきた。

その違いには、とくに「時間」というものへのかかわり方が深くからんでいるように思えた。メキシコ的な世界が語られるとき、その独特な「時間」の流れ方には多くの人が注目してきた。(7)

(7) カルロス・フエンテス（著）西沢滝生（訳）『メヒコの時間――革命と新大陸』新泉社、一九七五年。並河萬里『メキシコ時間のない国』新潮社、一九八一年ほか。

たしかに時間に追われる「灰色の男たち」ではなく、ゆったりとした「モモ」のような時間が流れている(8)。それは単に牧歌的な「ゆったりとした時の流れ」といった言葉では表現し尽くせないものだ。〈今・ここ〉の現在に時間が凝縮されて存在するような、濃密な時間が存在していた。

そのような時間が、近代化の機関車としての学校の中で、長年にわたって教育を受けてきた高校生たちの間にさえ、そして教師という職業を背負った大人たちの間でさえ、豊かに息づいていた。

決められている時間割があっても、その日その日の子どものペースやリズムに応じて、伸縮自在に時が流れていく。悪く言えば、場当たり的で時間にルーズなのだが、しかし当為即妙にその時その場の盛り上がりに応じて、授業の中に〈生きられる時間〉が生成していく。運動会の「練習」をしても、本番と練習の区別がない。「いつでも本番」のノリになる。「将来、役に立つから」といった動機づけも通用しない。面白くなくても将来のために勉強する、のではなく、今やってることが面白いから学ぶ(9)。

いつでもどこでも〈今・ここ〉が本番。大人になって社会に出る未来に本番があって、子ども期はその準備・練習の時期という、近代の「教育」にありがちな時間のとらえ方が、ここでは根底からゆらいでしまう。「子どもが生きる喜びを感じることができるようになったら、できるだけ人生を楽しませるがいい。いつ神に呼ばれても、人生を味わうこともなく死んでいくことにならないようにするがいい。……いつも現在を無とみなして、進むにつれて遠くへ去っていく未来を休むひまなく追い求めるような知恵は、いつわりの知恵だ」[10]。このようにルソーは近代の入り口ですでに熱弁をふるった。しかしそれ以来、ほとんどの近代産業社会の学校は、現に生きている現在の意味と生の充実を、次々と未来に先送りしていく「時間のニヒリズム」に陥っているように思える。

「自然に還れ」式の標語のむなしさは踏まえておきたい。しかし、それにしてもなぜメキシコの文化のコンテキストの中では、〈今・ここ〉を生きるという、いわば現在に落在する時間の重力のごときものが、これほどまでに強いのか。この問いは、私を捕らえて放さなかった。

近代文明に対抗するもうひとつ別の文化

もちろん、先の問いに対して、かの国が未だ近代産業社会化に遅れているから、と答えることは容易である。そしてそこに、植民地支配を受けてきた経済構造がかかわっていることも無視できない。しかしそれだけで済ますことはできないように思える。すぐ真北に位置するアメリカ合

（8）ミヒャエル・エンデ（著）大島かおり（訳）『モモ――時間どろぼうとぬすまれた時間を人間にかえしてくれた女の子のふしぎな物語』岩波書店、一九七六年。

（9）この点については、メキシコの学校での具体的なエピソードを交えて、「現在中心の生き方」と「未来中心の生き方」という対照軸で考えてみたことがあった。詳しくは、「時間を生きる形」日本ホリスティック教育協会・吉田敦彦ほか（編）『持続可能な教育社会をつくる』せせらぎ出版、二〇〇六年。

（10）ルソー（著）今野一雄（訳）『エミール（上）』岩波書店、一九六二年。

衆国の歩む「発展」の道とは、あえて別の道を歩もうとする文化的心性が、より深いところでかかわっているように思える。欧米型の近代化を進歩の尺度とすれば「遅れている」のかもしれないが、そのような「進歩」が見落としているものを見据える眼力を、メキシコの文化がもっていたからこそ、いたずらに近代文明化を急がずにきたのだと言えないだろうか。アメリカの新聞に「メキシコはいつまでたっても大人になれない子どもっぽい（childish）国だ」という論評が載っているのを聞いたメキシコのある友人が、「ウン？　子どもみたい、っていうのは、それは誉め言葉だろ？」とウイットを効かせてユーモラスに、そしてしたたかに笑いとばしたのを思い出す（その後、「北米自由貿易協定」を経た一九九〇年代以降、この点でかなりの社会変動があるが、今は立ち入らない）。

日本メキシコ学院でメキシコ人と日本人との橋渡し役の仕事をしていて、「時間にルーズ」なメキシコに対する、日本サイドからの「だからメキシコはいつまでたっても遅れているんだ」という非難に向き合うことがしばしばあった。実際に交流行事のときなど、メキシコ人たちによって日本人が待たされることは度々あって、それはそれで問題なしとはしない（メキシコ人同士の間でも「待たされる」ことはもちろんしばしばあるが、「待たされ上手」な彼らは、イライラせずにむしろ待たされた時間をも楽しんでしまうほどなので、それを「問題」とするには、その文脈にまで遡って一考すべきだが）。それにしても、「時間にルーズ」であることが、時間を忘れて「今・ここを生きる」生き方と分かち難いものであるとすれば、そしてその生き方が、単に「遅れている」「子どもっぽい」ゆえではなく、彼らの生きている、もうひとつ別の人生観やコスモロジーに根ざしたものであるとすれば、それを簡単に否定できるものではない。そういう予感があった。

「死」を見据えて〈今・ここ〉へ

そして、一一月一、二日のメキシコの「死者の日」をはじめて体験したとき、ようやくその文化の核心に触れた気がした。アリエスの言うように近代社会が死をタブー視するのに対し[(11)]、「死者の日」のメキシコでは、「死」というものが目に見えるものとして街角に溢れかえる。「お盆」のように彼岸の死者たちが此岸に帰還して再会する日であるが、それにとどまらない。骸骨人形を飾りつけ、しゃれこうべを象《かたど》った菓子やパンを食べ、骸骨のコスチュームを着て学校の「死者の日の文化祭」に登校する。親しい人同士のあいだで、相手の人が死んでしまったと仮定して、そのときの想いをメッセージ（「しゃれこうべの詩」）にして贈り合う。

たとえば、子どもたちは自分の名前が張り付けられた「しゃれこうべの砂糖菓子」をお母さんからもらって食べる。小学生たちへのアンケート調査の結果では、九六％がそれを好きだと答え、「そのときどう感じますか」と問うと、高学年では、「自分自身のしゃれこうべを食べている感じ

（11）　フィリップ・アリエス（著）伊藤晃ほか（訳）『死と歴史――西欧中世から現代へ』みすず書房、一九八三年。

がする」「いつか私もこのしゃれこうべのようになると考える」「私たちの行き着く先を示すもの」「自分が死ぬことを私に思い起こさせるもの」といった記述が続く。また、このしゃれこうべの砂糖菓子に、亡くなった人の名前を張り付けて飾ることもよくあり、「人生を先に歩んで死んでいった人たちのことを思い出す」「とてもおいしいけど、死んだおじいちゃんを思い出して悲しくもある」といった感想をもっている。自己の生命は、何もないところから自分が生みだしたものではない。自己の生の前に何もなかったわけではない。これまでも無数の生と死、死と生が繰り返されてきたし、そしてこれからも命のバトンが受け継がれていく。その生命連鎖の上に自己の生がある。生死を超えた〈いのち〉のつながり。帰ってきた死者たちとの絆を結び直す「死者の日」の文化の中で、それを子どもたちは、具象的な象徴や体験を通して了解していくように思えた。

表舞台に登場するしゃれこうべや骸骨。誰もみな死んだら骸骨になるという事実を通して、人間の有限性や根源的な平等性を学ぶ。いま生きている他者の死を想像することで、他者とのつながりの質を見つめ直す。死が、忌避されるのでなく、豊かな意味世界の中で生きられている。

人はみな、遅かれ早かれ必ず死ぬ。これは端的な生の現実である。死を想うことは現実からの逃避ではなく、むしろこの現実を直視しないことが、欺瞞であり逃避である。この条件を見据えることで、〈今・ここ〉に与えられた生の手応えが増し、生の彩りが変わってくる。逆に、死をタブー視して覆い隠す社会では、生のリアリティが希薄化していく(12)。

なぜメキシコの子どもたちは、これほど〈今・ここ〉に感応しながら生きられるのだろう。少なくとも、彼らが死を見据えて生を受けとめることのできるコスモロジーの息づく文化――そして多くの近代文明社会がそれは不合理なものとして背後に捨て置いてきた文化――を生きているという事実、この事実を看過しては、この問いに答えることはできないだろうと思う。

初出一覧

第1節　「もうひとつの人間観ともうひとつの教育」『人生科教育』第二号、人生科教育研究会、一九八八年。

第2節　「〈表現〉の中の暮らしと子ども――グァテマラ高原・手織りの世界から」『新しい家庭科We』ウイ書房、一九八八年五月号。

第3節　「死の見える国の子どもたち――メキシコ〈死者の日〉のフィールドノート」藤本浩之輔（編）『子どものコスモロジー――教育人類学と子ども文化』人文書院、一九九六年（「死者の日」に関するフィールド調査やアンケート調査の結果の詳細は割愛した）。

---

(12)　以上のような「死者の日」のもつ人間形成論的な意味については、拙稿「死から生をみる視線――メキシコの「死者の日」をめぐって」岡田渥美（編）『老いと死――人間形成論的考察』玉川大学出版会、一九九四年において詳しく考察した。

第1章　【一九九〇年代】　ホリスティックな教育ヴィジョンと出会って

――〈近代〉の世界観を問い直す

第1章では、一九九〇年代に「ホリスティック」という世界観とその教育ヴィジョンに出会い、それを日本に紹介した時期の随筆を集めた。メキシコでの教員体験を経て帰国、「もうひとつの学びの場——登校拒否と学校を考える会」という市民の手づくりによるフリースクール運動に参加したり、ネイティブアメリカンの文化に関心を寄せたりしながら、しかし、日本の現実の中で展望を見失いそうになっていた。そのとき、ブラジル地球環境サミット（一九九一年）の熱の中で、近代世界の限界と、もうひとつ別のヴィジョンが「ホリスティック」という形容詞で語られ、それを共有する医療、環境、教育、心理など多分野を横断する国際的な潮流が生まれていることを知った。「生態系の病と教育の病、両者の病の根は同じところにある」という書き出しではじまる「ホリスティック教育ヴィジョン宣言」と出会った日の感銘は忘れられない。日本ホリスティック教育協会を立ち上げて、志を同じくする仲間たちと集い、季刊誌や関連書籍の翻訳出版などの発信活動をはじめる。九八年から九九年にかけて、そのメッカのトロント大学に留学し、そこで子どもが現地のシュタイナー学校に通いはじめる。

1　近代教育を超えて——メキシコの自律共生社会から

シンパティコ（共感的）な響き合い——バスに乗ったギター弾きのブルース

夕暮れ時のメキシコシティ。下町の狭い道を縫うように走るバスに乗っていた。乗客はちょうど座席が埋まるぐらい。

そこへ、ある停留所から、ギターを抱えた目の視えないおじさんが乗り込んできた。運賃は払わなかったが、運転手は黙って見過ごした。バスが動き出すと、彼は手すりにもたれて両足を踏んばり、ギターを構えた。

静かに弦を爪弾きはじめ、前奏にたっぷりと時間を与えたあと、おもむろに歌いはじめる。歌声が車内に響きわたる。低いけれども太く声量のある声。切なく哀しいブルース。歌詞を噛みしめるように情感が込められる。おしゃべりが止まり、車内が、しんとする。みんな思い思いの方を向きながら、でも耳だけはしっかりと傾けている。バスが角を曲がり、強い西日が窓から射し込む。車内の空間がだいだい色に染まる。濃厚な哀愁が充ち、乗客の心が内側に沈潜していくのを感じる。

曲が終わり、我に返る。小銭を探る音があちこちから聞こえる。彼は帽子を取って、それを差し出しながら、バスの前方から後方へと、足元を探りながらゆっくりと移動する。ほとんどの人が帽子の中に小銭を入れる。お母さんから硬貨を手渡された子どもが帽子の中に手を伸ばす。彼は媚びることなく黙ったまま受け取る。深いしわを刻み込んだ日焼けした顔の表情は動かない。そして次の停留所にバスが止まると、静かに下車した。彼が降りても、余韻が自然に薄まっていくまで、乗客たちはしばらく沈黙を保っていた。

哀しみや痛みの共有。切なさを介した人のつながり。制度化された福祉システムとは別の次元の、共感的（シンパティコ）な感性に支えられた共生。この情景の中に、メキシコで生活したイヴァン・イリイチ（脱学校論の提唱者）がつかみとったコンビビアリティ（自律共生）という言葉の生きた姿を見たように思う。制度化された近代の教育システムを超えるために、私たちがまず私たち自身の中に呼び起さなければならない感性の質を問いたい。

〈今・ここ〉のプロセスを生き尽くす――ディスコになった夜行バス

バスの思い出を続けよう。気分を変えて、今度はスピードに乗ったバス。

高速道路を走る夜行バス。外国からの観光客ではなく地元のメキシコの人たちが乗り合わせている。ワイワイと陽気でにぎやかな車内。子どもを連れた家族も多い。マイクがまわり、自己紹介。はじめて会う人たちもすぐに友だちになる。

日がとっぷりと暮れるころ、誰かがディスコをしようと言い出す。持参のミュージック・カセットを運転手に頼んでかけてもらい、ボリュームをいっぱいに上げる。歓声とともに大人も子どもも座席から立ち上がる。狭い通路に出て、老若男女いりまじって、身体をぶつけ合いながら踊る。呆然としている僕の手を引く人がいて、一緒に通路で踊ることになる。

気の利いた誰かが車内灯を消す。暗くなって雰囲気が上がる。もっと気の利いた誰かが、車内灯のスイッチのON/OFFを繰り返して明かりを点滅させる。ピーピーと口笛が飛び、ノリに乗ってくる。運転手はスピードを緩めずに突っ走る。乗客を制止する様子はない。むしろ一緒にリズムを取りながら運転しているのだろう。こうして一時間ぐらいはバスの中のディスコ・ダンスが続いた。

これはちょっと極端に過ぎる例かもしれない。ともかくも、大人も子どもも、いつでもどこでも〈今・ここ〉を楽しもうとする。バスは、目的地へ着くための単なる手段ではない。単なる移動時間にしてしまうのではなく、現在のプロセスすべてを生き尽くしていこうとする。学校が、将来大人になるという目的のための単なる手段ではなく、子ども時代が単なる大人になるまでの準備期間ではないのと同じように。

メキシコの学校の授業中、中学生も高校生も実にノリがいい。将来大人になったときに役立つように、今は我慢して勉強するという発想ではなく、〈今・ここ〉を楽しみながら学んでいる。その生き方は、子どもたちだけではなく、大人も含めて日常の生活の中に沁み込んでいる。(1)

システムよりも親密な生活世界——アットホームなミニバス

メキシコシティ周辺では、「ペセロ」というミニバスが重要な交通手段になっている。バスとタクシーの中間のようなもので、運行コースは決まっているが、どこで乗降してもよい。たいていは一〇人乗りのワゴン車を使っている。料金は、現地の生活感覚で、バスが二〇円、タクシーが一〇〇〇円、ペセロが一〇〇円ぐらい。自家用車に乗らない私は、学校への通勤に、よくこれを利用した。

このペセロに乗るのが大好きだった。どのペセロもオンボロ車だったけど、とても個性的。運転手個人によって所有されているので、自分の好みで内部が飾り付けられ、改造されていた。ごひいきのタレントのポスターが張りめぐらされていたり、スピーカーを六つも付けて好みの音楽をかけていたり、派手な原色のペンキで塗りたくられていたり、逆に木製の座席に木目調の内装で落ち着いた雰囲気にまとめてあったり。私邸を訪ねるとその家のインテリアの様子で家人の人柄がうかがえるように、ペセロに乗るとその持ち主の運転手の人柄がわかる。

普通はお客さんも乗る助手席に、妻子や恋人を乗せて走っているペセロにも時折出会った。夫婦子どもで和気あいあいと談笑しながら、あるいはデートを楽しみながら、それでいて、自分たちだけで閉じた世界をつくるのでもなく、後部座席のお客さんも話題に巻き込みながら仕事をしている。ビジネスライクではなく、アットホームに。私的な生活と公的な生活を峻別しない。仕事はつまらないもの、味気ないものと割り切ってしまうのではなく、どれだけ楽しみながら仕事をするか。たとえ生産効率が少し落ちても（助手席分のお客が減っても）、それを追求する。

乗り込むときに、必ず運転手さんに「グラシアス（ありがとう）」と一言お礼を言う。そしてお客さんたちの間でも「おはよう」「こんにちは」と声をかけあう。誰からともなく、その人が座れるように席を詰め合う。窮屈になっても、誰も後から乗ってきた人に迷惑そうな顔をしたりしない。肩寄せ合って、膝突き合わせて。

降りる人があって車が止まると、ドア（もちろん自動ドアではない）を近くの乗客が開けてくれる。「ありがとう」。運転手の「いってらっしゃーい」という元気な声が降りた人の背に届く。運転手の人柄のにじみ出る、乗客たちのなごやかな交流のあるペセロ。朝、こんなアットホームなペセロに乗ると、とても気持ちよく一日がはじまった。

このペセロの雰囲気は、メキシコの学校の教室の雰囲気にも通じる。「生徒の個性尊重」などと、わざわざ言葉にしなくても、個性を丸出しにして授業にのぞむ教師たち自身の姿が、生徒に伝染する。人間味のある人間くさい教師たちは、いかに自分も楽しみながら授業をするか、そのことに熱心だ。ペセロと同様、クラスによって差異が激しく、当然、「当たり、はずれ」もある

（1）そのさまざまなエピソードは、「未来中心の生き方・教育観」に対する「現在中心の生き方・教育観」として整理して紹介した。拙著『世界のホリスティック教育――もうひとつの持続可能な未来へ』日本評論社、二〇〇九年、第Ⅰ部第１章所収。

のだろう。しかし、それをなくそうとして標準化し規格化する道をとらない。つまり、システムよりも親密な生活世界が息づいている。

オルタナティブとしての自律共生の社会——時間厳守よりも大切なもの

ノリはじめたら先生も時間割を無視して授業を続ける。学校の時間割はあってもないようなもの。「時計の時間」に自分を合わせていくのではなく、「生きられる時間」を生きる。

バスや鉄道、飛行機でさえ、ダイヤが遅れるのは日常茶飯事。感心するのは、遅れてもメキシコ人は誰もイライラしない、ということ。遅れたら遅れたで、待っている時間を楽しんでしまう。隣の見知らぬ人と声をかけあって、世間話に興じたり、あるいは情報の交換をしたり、そこから友達になって一緒に道連れで旅をすることになったり。スケジュール通りならば出会えなかった人と出会う機会になったりして、遅れてきた分だけ、むしろ手元に自由に使える時間が余分に与えられる。メキシコの生活に慣れてくると、交通機関が遅れたとしても、時計をチラチラと見るようなことをしなくなる自分に気付いた。

時計・時間割が先にあって、それに自分の人生を当てはめて生きるのは、たしかに本末転倒だろう。生きていること豊かにするために、そのかぎりで時計・時間割があるのであって、その逆ではないはずだ。時間に追われる生活の中で、まず第一に大切にすべきことは何か。

何が豊かさか、何が幸せか、まず第一に何を大切にすべきか。それを大切にしようとすれば、ある種の、あるレベルの生活の便利さや快適さを失うことになるかもしれない。としても、そのときに、何を守り、何を捨てるか。その判断が利かなくなると、余分なものがふくれあがっていく悪循環に巻き込まれていく。

近代の学校、医療、そして交通に焦点づけながら、イリイチは、制度化された産業社会に対するオルタナティブとして、コンビビアルな自律共生の社会の可能性を問うた[(2)]。そして、たとえば交通の領域では、高速道路を自動車で走るよりも、自分の街を自分の足で漕いで走る自転車を取り上げた。

彼の言うところを短絡的に理解して、自動車を全面否定して自転車だけの社会に戻ろうとすれば、私たちは展望を見失う。イリイチの議論には立ち入れないが、「脱学校論」として知られる彼の論も、単純に学校のない社会に戻ろうとするものではない。

自動車に慣れてしまうと、足が弱って自分の足で歩けなくなるように、学校で教えられることに慣らされてしまうと、自分の関心で学び取る力が弱まってしまう。しかしその一方で、交通機関の発達が生活圏を拡大し、人々の交流やコミュニケーションの多様性を生み出したのと同様、教育機関の発達が、家庭や地域での生活範囲の中からだけでは学べない多様なことを学べる機会

（2） 山本哲士『学校・医療・交通の神話――イバン・イリイチの現代産業社会批判』新評論、一九七九年を参照。

を拡大したことも事実だろう。このことを踏まえて、その有効性、必要性を過大評価も過小評価もせずに、自動車とどう付き合うか、学校とどう付き合うか。

メキシコでのエピソードを通して見てきたように、バスの乗り方、運行の仕方にも、自律共生のセンスや価値観が根付いていれば、思いがけないような多様な仕方がありえる。同様のことが、学校との付き合い方にも言えるだろうか。

たしかに日本の現実に立ちかえるとき、考え合わせなければならないことはたくさんある。目の前の一人ひとりとのかかわりの中で、はじめられる可能な範囲があるとすれば、そこからはじめる他はないし、また何よりその方が楽しい。

2 いのちの織物――北米の「ホリスティック教育」との出会い

つながり合ういのち――「ホリスティック教育ヴィジョン宣言」（一九九一年）より

思えば、もともと私たちはみんな、一つのものから生まれてきた。そもそもこの宇宙に浮かぶ星たちも、ビッグバン以来の宇宙の進化を想い起こしてみると、バラバラに独立して生まれたのではない。宇宙の誕生時には、すべての物質と生命の源が一つに凝縮していた。それが大爆発によって広がっていき、結合したり分化したりといったダイナミックな動きの中で、お互いが一番落ちつくことのできる場所や軌道を探り合って、しだいに現在のような宇宙の姿をとってきた。もしも、それらのうちの一つの星でも存在しなかったとしたら、この地球は、今のような位置に今のような姿で存在しないし、生命も誕生していない。

私たちはみんな、他のすべてのものとつながり合っている。最初の生命誕生以来の生物進化を思い起こしてみると、この地球の上のどんな生命も、バラバラに独立して生まれたのではない。海から陸に上がった両生類がいなければ、私たち人類は生まれなかった。みんな気の遠くなるような年月を経て、途切れることなくつながり合ってきた。そして現に今も生態系の中の食物連鎖や呼吸、炭酸同化作用などで、大地と植物と動物とがつながり合っている。

私たち自身の中でも、すべてがつながり合っている。心と身体は別物でなく、心にストレスがたまると身体にも悪い影響がくる。その身体そのものも、すべての細胞や微生物たちが助け合いながら共生している、いわば一つの生態系だ。知性も感情も意志も別々に育つものではなく、つながっている。好きな先生の授業はやる気になったりよく理解できたりする。

「この宇宙は一つのまとまりをもった全体であり、その中ではすべての存在がつながり合っている。」
「教育の大切な役割の一つは、〈いのち〉の中ですべてがつながり合っていることを自覚できるようにすることである。」
「この地球の上のすべての存在が支え合っていること、個人のしあわせと地球全体のしあわせが深いところで一致すること、その中で、私たち一人ひとりが担っている役割と責任の広さと深さ、これらの自覚を促す教育が必要である。」
「教育という営みはそもそも、あらゆる形の生命の中に流れている〈いのち〉への、深い畏敬の念に源を持つのでなくてはならない。」

これらは、「ホリスティック教育ヴィジョン宣言」（一九九一年八月、Global Alliance for Transforming Education 発行）からの引用である。

この世界や人間を、バラバラの独立した部分の寄せ集めとして見るのではなく、一つの大きな

〈いのちのつながり〉の中で、全連関的（ホリスティック）に見る。その見方に基づく教育が、「ホリスティック教育」である。外国の耳慣れない言葉でとっつきにくいかもしれないが、「ホリスティック」という合言葉は、量子物理学などの現代科学と宗教との対話、西洋と東洋との対話、土着・伝統と近代との対話といった、人類史的な転換期にある現代の大きな流れの中で、この地球上で同時代を生きる人たちと国境を超えて励まし合いながら、次の時代の教育をともに生み出していく際に役に立ちそうである。

このようなホリスティックな見方で人間を、子どもを、さまざまな教育の営みを見ていく。ホリスティック教育は何か特定の「〇〇中心教育」ではなく、あるものと他のものとの間のつながりに視点を据える。たとえば、それは知育中心でも徳育中心でもない。知性や合理的な理性だけがすべてだと考えるのではなく、直感やイメージや意志、あるいは一見不合理に見える無意識なども等しく重視して、それらの相互の結びつきを大切にする。またそれは、教師中心でもなく、かといって単なる児童中心でもない。教師と児童の間の生きたつながりに重点が置かれる。

さらに言えば、個人中心でも社会（国家）中心でもなく、自民族中心でも国際社会中心でもない。そのそれぞれのレベルと他のレベルとがともに生かされ合う関係のあり方に焦点を当てる。それは人間中心でさえない。人間だけが生き延びることより（そもそもそんなことは不可能だが）、人間以外の他のすべての生命との共存共生をめざしているからである。

このように言うと、曖昧でつかみどころがないように思えるかもしれない。何か目に見えるものに中心を置いてくれる方が安心する、そのような思考に私たちは慣れてしまっているから。しかし本当のリアリティは目に見えない、あいだの〈つながり〉にあるかもしれないのである。

いのちの織物――第三回ホリスティック教育国際会議（一九九二年）に参加して

ネイティブ・アメリカンの酋長シアトルが、住み慣れた彼らの土地を強引に買い取ろうとする白人の要求に対して返答したものと伝えられる印象的な言葉がある。母なる大地を、そしてその上で生きる兄弟である生き物たちを、どうして商品のように切り売りできるのか、その発想自体が理解しがたいものだと述べて、次のように語る。

……我々は大地の一部であり、大地は我々の一部である。かぐわしい花々は、我々の姉妹。鹿、馬、大鷲、彼らは我々の兄弟だ。険しい岩山、牧場の朝霧、ポニーの体の温もり、そして人……。どれも皆、ひとつの家族に属している。

……我々は知っている。すべてのものは、ひとつの家系をつなぐ血のようにつながっている、と。すべてのものは、つながりあっている。この大地に起こることはなんであれ、大地の子らにも起こる。

人が生命の織物を織るのではない、人は、その織物のひとすじの糸にすぎない。生命の織物に対して人がすることは、それがなんであれ、自分自身にすることなのである。(3)

すべてのものが、他のすべてのものとつながり合いながら、全体として一つの〈いのちの織物〉を成している。このような見方を基本に据えて、人間が他の人や生き物や大地とのかかわりの中で人間として生き成長していくプロセスを、もう一度根本から見つめ直してみたい。「ホリスティック（全連関的）教育」という言葉には、一つにはこのような想いが込められている。

一九九二年、ネイティブ・アメリカンの知恵に学ぼうという意図もあって、米国オクラホマ州の先住民強制居留地で開かれた第三回ホリスティック教育国際会議に参加した。主催は、「ホリスティック教育ヴィジョン宣言」を発表したＧＡＴＥ（Global Alliance for Transforming Education）」である。このヴィジョンに共鳴して、いろいろな分野の人が参加していて、なかなかまとまりはつかないのだが、そのぶん多様性が生み出す豊かさがあった。たとえばシュタイナー教育やモンテッソーリ教育に携わってきた人たち、エコロジー教育やグローバル教育、それに人間性心理学やトランスパーソナル心理学を背景に、頭だけではなく心と身体のつながりを求めてきた人たち、東洋や先住民の伝統から学ぼうという人たち、そしてフリースクールやオルタナティブ教育に取り組んできた人たち。「ホリスティック教育」というコンセプトを共有することで、これまでうまく共通の土俵が得られずにいた多様な分野の人たちが、それぞれの独自な特徴は維持

（3）酋長シアトル自身は書き言葉を残さず、テキストにはいくつかのバージョンがあり、創作・改変が重ねられている。ここは、テッド・ペリー（作）原みち子（訳）「酋長シアトルのメッセージ」『生命の織物――先住民族の知恵』女子パウロ会、一九九三年より。

しながらも合流して、一つの柔らかいネットワークを生み出しつつあることが実感できた。

たとえば、一九九三年二月にワシントンでNCACS（全米フリースクール連合）が開いたオルタナティブ教育と公教育との積極的なつながりを創り出そうとする会議でも、進行役のD・レーマン氏が何度も「ホリスティック」という言葉をキーワードとして使っていた。その後で訪ねたアパティナス・フリースクールの本棚には、『ホリスティック教育レビュー』という雑誌が並べられ、J・ミラー氏の著書『ホリスティック教育（*The Holistic Curriculum*）』が積んであった。その年の三月末には、大阪のオルタナティブ大学TIUのベセル氏、『ホリスティック教育レビュー』の創刊時（一九八八年）に編集長をしていたR・ミラー氏、元NCACSの議長、クロンララ・スクール校長のP・モンゴメリー女史（『フリースクール――その夢と現実』[4]の著者）らが協力して、ハワイのマウイ島で三日間の環太平洋シンポジウムを開き、七か国一〇文化（アボリジニ、ナバホ、先住ハワイアンを含む）の人々が集った。このハワイ会議にも参加していたN・ニードル氏（クロンララ校スタッフ）が来日して、秋に日本のフリースクール「地球学校」（高砂市）で開かれた全国フリースクール・スタッフ交流会で行った基調提案のテーマも「ホリスティック教育」だった。「フリー」や「オルタナティブ」を七〇年代から八〇年代にキーワードとしていた人たちも、「ホリスティック」に期待を寄せていることがうかがえる九三年の一連の出来事だった。

「これしかない」としがみついていた自分の城から出て、深く大きな息を吸って、のびやかに

〈いのちの織物〉の中に手足を広げてみるとき、「ホリスティック」という言葉が近づいてくる。だから、「ホリスティック教育」こそが新しいとか、これこそが正しい、と飛びついて排他的にしがみつけば、本末転倒。「あれか、これか」「あっちはダメで、こっちはいい」式の分断・対立型の思考に対して、「あれもこれも」「どんなものも、それがつながり合う全体の中に存在しているかぎり、意味のないものはない」という「活かし合い」の思考法がホリスティックなアプローチの真骨頂である。こんな考え方は、たとえば「和して同ぜず」の「和」の思想としての本邦の足元にもあるはずだ。（ただ、それを復古主義的な先祖返りでなく、東洋と西洋の対話、日本ネイティブの思想と西洋近代の活かし合いの方向に呼び求めるために、「ホリスティック」というカタカナ言葉が登場した意義があるのだろう。）

「生態系の病と教育の病、両者の病の根は同じところにある」というのは、「ホリスティック教育ヴィジョン宣言」の冒頭の一節である。この視点に立つと、バラバラに思えていた問題やそれを克服しようとするさまざまな営みが、近代文明そのものを転換する一つの大きな見取り図の上に位置づいてきて、相互のつながりが見えやすくなる。西洋近代医学の一面性を東洋医術の知恵を活かして克服しようとする「ホリスティック医学」は、日本でもかなり影響力をもつようになってきたが、さて、教育の分野では、どうであろうか。

（4） クレア・コーン、パット・モンゴメリー（著）大沼安史・吉柳克彦（訳）、一光社、一九八四年。

3　オルタナティブスクールと公教育の連携
――キーワードは「ホリスティック」

「オルタナティブスクールの公教育への影響」をテーマにした合宿会議

底冷えのするワシントンに、アメリカ各地の代表的なオルタナティブスクール、コミュニティスクール、ホームスクーリングのリーダーたちが勢ぞろいした。いつもは陽気でのんびりな彼らが、この時ばかりは、びっしりつまったタイムスケジュールにしたがって、真顔でシビアな議論を三泊四日にわたって繰り広げた。NCACS（National Coalition of Alternative Community Schools 邦訳通称：全米フリースクール連合）の特別合宿会議（一九九三年二月）。テーマは、「公教育の変革にわれわれはどのように影響を及ぼしていけるか」であった。

よく事情がつかめないまま、招かれるままに参加した。密度の高い議論に圧倒され、そのスピードについていけずに、帰国したときには、会議のあと滞在したグラスルーツ・フリースクールやアパティナス・スクールの魅力的な印象ばかりが大きかった。それに日本のオルタナティブスクールの状況とは、議論の内容がかけ離れているように思えた。

ところが、一年経って送られてきた会議の記録とその後の活動報告を読んでみると、日本のオルタナティブスクールの長期的な見通しを考えるうえで、大切なヒントがあると思えた。「ホリスティック・アプローチ」といった言葉が多用されているのも、興味深いものだった。

会議の主宰者によれば、一九七八年に創設されたＮＣＡＣＳの役割は、今ターニング・ポイントにきているという。ほぼ八〇年代に相当する最初の一〇年あまりは、教育面でも財政運営面でも試行錯誤が続き、それぞれのオルタナティブスクールが情報交換などをして支え合い、自分たちのことで精一杯だった。しかし九〇年代に入って、現存するスクールはそれなりの成熟段階にあって、次のステップは、積み重ねてきた自分たちの経験を実例でもって広く公教育の関係者にも分かち合っていくことだ、という。それに「オルタナティブ」が、反（アンチ）公立学校の姿勢だけだと、自分たちも閉鎖的になって硬直化していくという危険感も語られていた。

浮上する連携のキーワード「ホリスティック」

公教育とオルタナティブスクールとの関係については、ときには激しい議論が交わされた。公設民営のチャータースクール的な動きも出てきて、公立学校の中でオルタナティブ教育を実践できる可能性が高まっていることも重要な背景だった。これをどう受け止めるか。

この合宿会議には、公教育の中でオルタナティブ・アプローチを追求しているゲストが数名含まれていた。たとえば、都心の公立学校が、郊外に住めず学費も払えない社会的弱者の吹き溜まり状況に陥っていることに対して、私学のオルタナティブスクール運動は、改善の力になりえないばかりか、むしろ学校選択権を行使できる恵まれた層に選択肢を用意することで状況悪化に手を貸してきたのではないか、という意見が出された。それに対して、オルタナティブスクール側からは、そうならないように最初からさまざまな配慮をしてきた実践例も紹介された。それにしても全体としては、その点は、自分たちの運営を確立するのに精一杯だったこれまでの時期の限界として認め、次のステップとして、公教育の改革に貢献していこうという合意に達した。

そしてその連携のキーワードとして浮上していたのが、「ホリスティック（holistic）」という形容詞だった。メインストリームの公立学校を前提として、それに対抗して「もうひとつ別の」という意味をもつ「オルタナティブ」よりも、その対立軸を超えて、ともにめざすべき教育の内実を表す形容詞として「ホリスティック」が選び取られていたのである。

印象的だったのは、八〇年代にこのNCACSを議長として率いてきたクロンララ校のパット女史が、締めくくりのミーティングで、涙ながらにこう語ったことだ。「自分は公立学校のあまりのひどさに対する批判から、制度に頼らず意地でも自分たちの手で子どもを育てるというスタイルでやってきた。『うちの子は学校に行けるほど悪い子じゃない』と言い続けながら。でも今日、もう自分の時代は古くなったと感じた。とても抵抗があったけれど、公教育との連携に同意しましょう」と。このパットの涙には大きな拍手があった。

連携プログラムとしての「もうひとつの教育実習」

その連携のための具体的な方針が確認されていった。一線を画していた公立オルタナティブ校との交流開始、公立学校教師のＮＣＡＣＳ加盟校見学や全国大会への積極的な招待、大学の教員養成プログラムとの連携、公教育改革のためのモデル法案の作成と教育委員会への働きかけなど。そしてその第一の柱として位置づけられたのが、次に述べるプログラムだ。

ＮＣＡＣＳ加盟校が協力して、一五か月間（期間は本人の希望により調整）の教育実習プログラムを本格的にはじめることになった。九〇年代に入ったころから、このプログラムを日本人に紹介するために、担当者が来日して紹介していたものだ。当初はオルタナティブスクールについて実体験から学び、後継者になる人を育てることに主眼を置いていた（それに実習費は苦しい財政の足しにもなる）。それがこの会議で、公立学校の将来の、あるいは現職の教師にも広く門戸を開き、大学の教職カリキュラムにも位置づくような道を模索することになったわけである。

神戸の外国語大学で英語の教員養成課程を担当していた私は、一年間の留学（遊学）を考えている学生たちに、この「もうひとつの教育実習」を紹介した。積極的な二人の学生がこれに参加し、いろいろ大変なこともあったが、何かふっきれたような、実にいい顔をして帰ってきた。「行ってよかった。〝人間、どんなことをしても生きていける〟〝やりたいことをやっていれば、道はあとからついてくる〟って確信ができたから」と。そこで学ぶのは、字面の教育方針や教育方法ではなく、人間の生きざまの多様性、もうひとつの生き方そのものなのだろう。

4　今なぜ「ホリスティック教育」か――つながりを見て取る視座

　一九八八年にカナダで公刊された、トロント大学大学院オンタリオ教育研究所のＪ・ミラー（John. P. Miller）教授による *The Holistic Curriculum* は、「ホリスティック（holistic）」という形容詞を書名にもつ最初の教育関係の著作である。この年は、アメリカ合衆国での『ホリスティック教育レヴュー』という季刊雑誌の創刊年でもあり、「ホリスティック教育元年」と言われる。同誌に掲載された論文を見渡してみると、Ｊ・ミラー氏のこの原著は「ホリスティック教育」の最も基本的な文献として定評を得ているのがわかる。

　その翻訳書『ホリスティック教育――いのちのつながりを求めて[5]』を世に出すにあたって、これが日本で「ホリスティック教育」というコンセプトが紹介される最初のまとまった書物になるので、少し解説を試みたい。

多様な既存の教育実践（論）とのかかわり

「ホリスティック教育」という言葉から、皆さんはどのような第一印象をもたれただろうか。この書もきっと、いろいろな関心や背景をもった読者と出会うことだろう。

たとえば、物質文明の背後に見失われた〈こころ〉の深層にアプローチする「トランスパーソナル心理学」。自然治癒力に焦点づけた心身統合的な東洋伝統医術や養生法などによって、西洋近代医学の偏りを正そうとする「ホリスティック医学」。あるいは、地球環境問題に象徴される人類史的な転換点にあって、新たな技術開発による解決を志向するばかりではなく、自己の深い意識変容によって母なる地球と人間との絆を回復しようとする「ディープ・エコロジー」。また「ニューサイエンス」の単なるブームを超えた、現代諸科学が同時多発的に直面している機械論的・要素還元主義的世界観からの変容。

本書でも繰り返し言及されるこういった流れに関心をもつ読者にとっては、「ホリスティック教育」というコンセプトも、この潮流の「教育」分野での展開として、まずはストレートな興味と期待を寄せてもらえることと思う。では、その当の「教育」分野にかかわっている仲間たちに、どう受けとめられるだろうか。それぞれの持ち場で教育に携わる人々の対話とつながり（ネットワーク）を生み出す一つのきっかけになりえるだろうか。そう願う訳者として、実のところ気がかりな点がないではない。

巷には、「〇〇的教育」や「××主義教育」や「△△式教育」といった言葉が溢れている。「これこそが新しい」というキャッチフレーズをつけて。言葉が次から次へとつくられ、そして消費されていく一方で、誰もがこのままではいけないと感じている日本の教育の現実が、好転するき

（5）　ジョン・P・ミラー（著）吉田敦彦・手塚郁恵・中川吉晴（訳）、春秋社、一九九四年。

ざしはなかなか見えない。

ある特定の教育にレッテルをつけた「〇〇教育」といった言葉はまた、他の似通った教育との区別と差異を強調することで、つながりをつくるよりも断ち切るはたらきをしてしまいがちだ。他ではダメでこれこそが真の教育、教育の正道である、と。このような状況の中で、にもかかわらず新たに、またしても舶来物の、「ホリスティック教育」という言葉が持ち込まれるとすれば、ある種の抵抗感が生じて当然だと思う。

なにも「ホリスティック教育」などとわざわざ新語を持ち出さなくとも、その言葉が意味するものと呼応する教育の実践も思想も、すでに日本の中にあるのではないか。それがどれだけの広がりをもっているかは別にして、「全人教育」「総合学習」「生活つづり方教育」「シュタイナー教育」「オルタナティブスクール」「フレーベル幼稚園」「オープン教育」「フレネ教育」「イメージを生かした授業」「合流教育」「協同学習」「労作教育」「自然体験学習」「エコロジー教育」「グローバル教育」など。この著書で取りあげられているものもあれば、日本独自のもので、もっと注目に値するものもある。そもそも、欧米型の近代学校が導入される以前の、たとえば芸道や武道などの「道」を通しての人間形成などは、すぐれてホリスティックなものであっただろう。なのになぜ今さらに、新奇な「ホリスティック教育」などと言い出すのか。近しい方向性をもって地道に教育に携わってきた友人たちにほど、このような疑念もわいてこよう。

今までのものはみんな古くて「これこそが新しい」というニューファッションとして「ホリス

ティック教育」が登場しようとするのではない。あるいは、いま思いつくままに列挙した「〇〇教育」群に肩を並べて、それらのうちの一つの選択肢として付け加わろうとするのでもない。また、それらに「ホリスティック教育」という新たなレッテルを貼って囲い込もうとするのでもない。そうではなくて、それら個別の実践の間の〈つながり〉を生みだし、それぞれの持ち味を生かし合い、弱点や偏りを補い合っていくことができるように一つの全体的な見取り図（視座）を提出しようとしているのである。つまり、それらのネットワーキングとバランスシートの機能を果たそうとするのが、「ホリスティック教育」というコンセプトの一つの大切な役割である。

「ホリスティック教育」自体が、何か特定の実践の形や方法を専売特許のようにもっているのではなく、目に見えるさまざまな貴重な実践の間の、目に見えない〈つながり〉を見えるようにしていくところに、「ホリスティックな教育の見方・考え方」の意義がある。それは比喩的に言えば、目に見える樹々や鳥やバクテリアの生きる雑木林と、それらが織りなすエコロジカルな見えないつながりを明らかにする生態学との関係に似ている。あるいは、地球儀のメタファーを用いることができるかもしれない。地道な目の前の現実に密着した実践において、ともすれば全体の中での自分の位置が見えにくくなることがあるが、地球儀を見ればそれがわかる。それに地球儀の球面上には中心も周縁もない。「ホリスティック（全連関的）」な教育は、単なる児童中心教育でも社会中心教育でもなく、人間（という種）中心教育でさえない。人間を含むこの地球（ないし宇宙）の天地万象が生成変化する重層的な連関のすべてを、同等の重みをもつものとしてその視野に入れようとするのである。

ある小学校の先生が、今まで「ホリスティック教育」というのがよくわからなかったけれど、「ホリスティックな教育」と言い換えてみると得心した、と語られたことがあった。どこかを探せば「ホリスティック教育」という名の素晴らしいモデルが見つかるのではなく、自分の実践や他の実践例を「ホリスティックな観点・視座」で見てみると、一つひとつの実践の特長と限界がよく見えてきて、それらをどのように生かし合っていけばよいのかがわかってくる、と。

いま教育界に求められているのは、人間と教育をめぐる重層的多面的な〈つながり〉を、〈いのち〉の次元にまで深めて反省することのできる視座を共有することであると思う。共有するためには言葉という道具が必要であるので、仮にここでは「ホリスティック」と名づけられている。大切なのはその視座の共有であって、そのためにもっとふさわしい日本語が見つかれば、これにこだわる必要はもちろんない。この外来語のもつ利点として考えられるのは、現代日本の教育をめぐる問題が、根本的には日本だけではない全人類史的な転換期の抱える課題と呼応したものであり、デカルト、ニュートン、ダーウィン的な近代的世界像を限界づける現代諸科学の動向と連動した変容が、近代教育学の分野でも求められていることを示唆できるという点であろう。

〈いのち〉の次元の意義と問題

ところで今、〈いのち〉の次元を含めた重層的な連関、という言い方をした。この「〈いのち〉の次元」、J・ミラーの表現では、「スピリチュアルな」とか、「トランスパーソナルな」とかよばれる次元を、どのように位置づけ配慮するか。より具体的に言えば、たとえば瞑想などの宗教的行法や体験的セラピーの技法を「教育」という営みにもし結びつけるとすれば、それはどのようにしてか。場合によっては、そこに危うい問題がありはしないか。

たしかに、この次元を切り捨てることなく全体の連関の中に生かそうとするのがホリスティック教育の真骨頂であるわけだが、しかしこの点については議論の余地があるだろう。大切なところなので、以下、この問題に少しだけ立ち入っておきたい(6)。

実際のところ、北米のホリスティック教育にかかわる人たちのあいだでも、もしホリスティック教育が一面的短絡的に理解されるならば、論理的知性の過小評価、社会的経済的現実を軽視した精神主義的・主観主義的傾向、批判的精神の弱さ、全体主義に陥る危険などの問題が生まれかねないことが自覚され、それを避けるための議論が積み重ねられている。

トランスパーソナルな、スピリチュアルな、あらゆる個体の生命を貫いて流れる〈いのち〉の次元。〈いのち〉とのつながりを回復し、〈いのち〉のつながりに目覚めること。ホリスティックな思想は、重層的に連関するさまざまな次元の中でも特にこの次元を見落とさぬように重視する。というのも、それは、西欧近代に源をもつ近代科学文明を主導した世界観が見落としてきた、ある

（6）詳しくは拙著『ホリスティック教育論』日本評論社、一九九九年の第Ⅱ部で検証した。

い は意図的に排除してきた次元だからである。「生態系の病と教育の病の共通の病根」は、この次元へのセンスの欠如という問題を抜きにしては語れない。しかしそれを癒そうとするとき、〈いのち〉の次元を即効薬と見て、他の次元から切り離してそれだけを投与したとすれば、副作用が強すぎて毒ともなりえる。近代精神はこの毒をよく知っていた。そうであるがゆえに、そこから独立した近代的自我を確立しようとしてきたという側面を忘れてはならない。

よく効く薬は毒にもなる。日本でも、いわゆるニューエイジの精神世界（スピリチュアリティ）への関心が、新々宗教ブーム、オカルト・ブームに見られるような、ともすれば批判的論理的知性を喪失した盲信的カルトや洗脳的なマインド・コントロールに囲い込まれてしまう現象が多発している。欧米ではなく日本ではとくに、〈いのち〉の次元を言う前に、まず強い自我の確立を言うべきだという論も、したがってある程度の説得力をもつ。しかしまたその一方で、このような「自分探し」をする若い世代の広がりとその関心の根強さは、私たちの時代が何を失っているか、何とのつながりをスムーズに結べなくなっているかを雄弁に物語っている。失われた〈いのち〉との絆を求めてさまよいながら蓄積されたエネルギーは、毒に近づく危険があるからといって、抑え込めるようなものではない。危険だというなら、地底のマグマのように蓄積されてきているこのエネルギーに蓋をし続けようとするほうが、もっと危険だと思う。そのエネルギーをうまく生かす通路、〈いのち〉とのつながりを癒し、生き生きとした絆を結ぶ方途が、どうしても必要だろう。毒にならない薬はない。時代の大きな転換期、私たちは、どのみち危ない橋を渡らなくてはならない。ホリスティックな教育は、あえてそのような橋を架けようとしているところがある。

少し言葉が強すぎたかもしれない。が、このような問題を自覚しておく必要性は強調しておきたい。そのうえで教育に求められるのは、〈いのち〉とのつながりだけを独立させて方法化するのではなく、それと他のさまざまなレベル（身体、論理的知性、共同社会等）との間のつながりを十分に配慮した取り組みである。内なる自己の深みと外なる社会とのつながり、そのどちらを重視すべきかという二者択一の問いを立てるべきではない。同時に両方を——正確には両者の間のつながりを——強めていくことは、欧米人と日本人の別を問わず可能だし、ぜひ追求すべき課題だと思う。そしてホリスティックな教育は、この課題を真正面から引き受けようとするものに他ならない。

コラム① 私につながるすべてのものたちへ――スエットロッジ体験記

「ミタクヤーシン
――私につながるすべてのものたちへ」

二月のある日、その年一番の大雪で六甲山頂はすっかり純白の世界。そこで雪中のスエットロッジを体験した。スエットロッジというのは、アメリカ先住民のセレモニーの一つ。先住民のラコタの人々と暮らし、その兄弟となった松木正さん（マザーアース主宰）の導きで。

「私につながるすべてのものたちへ」という意味の「ミタクヤーシン（Mitakuye Oyasin）」というラコタ語が合言葉。「ホッ」と息を出し「ミタクヤーシン」と声を交わす。二日間のあいだ、挨拶代わりに事あるごとに口にした。その都度、つながりが深まることを感じる。

『ホリスティック教育』（J・ミラー（著）拙訳書）の副題は、「いのちのつながりを求めて」。その「つながるいのち」をリアルに体験するワークショップだった。道端の石ころたちでさえ、いのちをもって私につながっていると意識できてくる。

輪（サークル）になってパイプをまわし、セージの香りに包まれるオープニング・セレモニーを終えて、みんなでスエットロッジ（カエデの木と毛布でドームを作り、その中で真っ赤に焼いた石に水をかけてスチームサウナのようにする）を手作りする。焼く石を集めてくるときに、松木さんは、石を動かすときにもちゃんと石に挨拶を、とアドバイスする。

雪の間から顔をのぞかせている石を掘り出す。この石がここにこうしてこの姿であるのは、単なる偶然ではなく、山ができ流れる川があって、遠い昔からの機縁の連なりの果てに、ここにあるべくしてある。石を持ち上げてポッカリ空いた穴の下では、傍らの木の根がむき出しに。よく見ると小さな小さな生き物たちが、あわてふためいたようにうごめいている。ごめんなさいという気持ちが湧いて、あわてて土をかぶせるけれど、気持ちが落ちつかない。思わず「ホッ、ミタクヤーシン」と声をかける。

かじかんだ手で木枠をしばりつけてドームができあがった。焼く石にも、焼くための薪にも、石を入れるドーム中央の穴にも、ちゃんとセージを炊いて一つひとつ丁寧に挨拶する。

スエットロッジのドームは、母なる大地、母なる地球の子宮。それをリアルに象徴的に表現するための見事な道具立てや、ドームに入るまでのプロセスは割愛して、掘り出してきた石の行方を語ろう。

母なる地球の子宮の中で

母なる地球の子宮に回帰するスエットロッジが、雪の中にできあがった。夜がふけるのを待ち、裸（水着）になって小さな入り口からにじりいるように、その丸いドーム（子宮）の中に入り込む。

その中は底の知れない真っ暗闇。輪をつくって座ったすぐとなりの人の身体の輪郭さえ、いや自分自身の手さえ見えない。自分が目を開けているのか閉じているのか、わからなくなってくる。皮膚で包まれた自己の境界が溶解してきて、暗闇の中に溶け込んでしまう。息づかいだけが聞こえる。松木さんの祈りの唄がはじまった。どこかで聞いたことのあるような、懐かしい声明。はるかに遠い記憶の中で。

ドーム中央の穴に、昼間に掘り出したあの石が次々と投げ込まれる。透き通るほど真っ赤に焼けている。マグマになって今にも溶け出しそうだ。誕生直後の原初の地球もまた、このように赤くドロドロとうごめいていたのだろう。そこに、あたかも地球にはじめて降る雨のように、勢いよく水を打つ。シューと蒸気が舞い上がる。強烈な熱気が世界を包む。狂おしいほどの熱さ、暑さ。これが地球の産みの苦しみか。同時に、みなで力強く唄を唱和しはじめると、それが誕生する生命の躍動に変わる。やがて石は赤みを失って黒く静まり、凝固する。

一気に五〇億年の地球の進化を遡る。ぼくたちはみな、母なる地球の子宮の中で、岩石から、鉱物から生まれてきた。この日まで自分が、〈いのちのつながり〉と言うときに実感できていたのは、生命の誕生以来のつながりだった。生命のない石ころや物質を、どこかでおとしめていたようにも思う。ぼくたちがあまねくみんな、物質から生まれてきたこと、ぼくたちの原点には石や水のあの躍動があること。このつながりを実感できたとき、それはまた一つの、自我からの解放だった。

セレモニーが終わり、スエットロッジの入口から出てくる。つまり、母なる地球の子宮から、この世界にふたたび誕生してくる。一緒に入った仲間たちとは、同じ母胎から生まれ直して、文字どおり兄弟姉妹の絆を結んだ。先住民のネイティブな文化の、よく練り上げられた様式とその力を再認識することになった。

〈初出文献〉
「スエットロッジ体験記——私につながるすべてのものたちへ」『季刊ホリスティック教育』第三号、一九九七年。

5 喜びはいじめを超える――いじめ問題へのホリスティックアプローチ

いじめを知らない世界――メキシコの教育現場から

①「いじめるよりも、仲良くした方が楽しいのに」

「いじめ」が話題になるたびに思い出すエピソードがある。一九八〇年代半ばのメキシコで、幼稚園から高校までのメキシコ人が学ぶ学校（日本メキシコ学院メキシコ・コース）で教師をしていたときのこと。日本から送られてきた新聞にあった「葬式ごっこ、いじめによる自殺」の記事にやるせない思いを抱え、思い切って高校一年生の「日本語・日本文化」の授業でその記事を配った。読み進めるにつれ、いつも愉快でにぎやかな教室に沈痛な空気が流れる。

一人の生徒が「わからない」とつぶやく。「いじめ」がわからない。メキシコの言語への適当な訳語もなく、あれこれと説明を加えてみたが、みんな首をかしげている。

そして、ある生徒がポツリと言った。「わからない。だって、仲よくした方が楽しいのに。どうして楽しくないことをわざわざするの？」「そうそう、それがわからない」と相づちが広がる。ハッとした。「いじめるよりも、仲よくした方が楽しいのに」。高校生の、このあまりにストレートで素朴な言葉に、ハッとして絶句した。いじめ問題というものを考える筆者の頭の中には、こんな発想がなかった。でも、そのあとすぐに、そのとおりだと納得するところがあった。

いじめへの対策を考えていくときには、いじめという行為が悪い行為であるということを頭で理解し、いじめたくなる衝動（こころ・からだ）をいかにして（あたまで）抑えるか、という方向で発想しがちだ。悪いか悪くないか、で考え、楽しいか楽しくないか、で発想しない。「悪いことをさせない」と発想し、「もっと楽しいことをする」とは発想しない。悪いことをしがちなからだを、あたまで抑圧しコントロールすることを教える。その発想の延長線上では、「いじめ追放対策」を打てば打つほど、悪循環を生むばかりではないか。いじめには、あたまに抑圧されたこころとからだのストレス発散という側面があるだろうから。

②いじめを超える楽しさ＝喜び

いじめる「楽しさ」、人をあざけり笑い支配する「楽しさ」。「むかつき」をいじめによってスカッとさせる「楽しさ」。それに対して、仲よくする楽しさ、つながり共感し合う楽しさ＝喜び。いじめよりも、もっと深くて後味のよい喜び。いじめなんか、ほんとは面白くない、と感じるだけの喜びの経験があるかどうか。からだが感じとる喜び＝楽しさの質こそが問われているのではないか。どれだけ深い喜びを楽しめるか、どれだけ無意識の（からだの）深いところから喜びを汲み上げることができるか、それが問われているのだと思う。

「むかつき」がムラムラと湧き、ストレスが溜まっているのは、無意識の中でもその表層部分、意識と無意識の境目、意識でいつも抑圧されているコンプレックスの渦巻く個人的無意識のレベルにある。そのレベルを突き抜けた深層の無意識（普遍的無意識）に、「いのちとつながる喜び」が溢れ出る「楽しさ＝喜び」の源泉がある。そのように考えてみたい。

たとえば宮沢賢治の寓話「カイロ団長」のあまがへるたち。気に入らない奴（とのさまがへる）をみんなでどっとあざけり笑い、スッキリしたつもりがそのあとすぐ、「しいんとなるさびしさ」が訪れる。後味の悪い「楽しさ」と、後味もよい楽しさ。その後味を心の深いところで感じさせる力、人をおとしめる表層的な「面白さ」のあとに、より深いところから「さびしさ」が訪れる人間の無意識の力。その力の源泉を、きっとだれでも持っていると信頼してよいのではないか。

「無意識即から溢れるものでなければ、多く無力か詐欺である」（「農民芸術概論綱要」）と宮沢賢治も書いているが、その無意識の源泉から溢れ出る力にノルとき、深い喜びが湧いて心の底から楽しめる。心の底からの喜びこそが、いじめを超えることができる。それ以外の超え方は、いじめを抑え込んだにすぎない。それではきっと、いつかまた、あるいは違った仕方で、場合によっては、もっと破壊的な仕方で、いじめが噴き出してくる。そのように、仮説的であれ、考えてみたい。そして、だとすれば、では、どのような学校づくりをすべきか、と考えていきたい。

（7）　宮沢賢治は、九〇年代のオルタナティブ／ホリスティック教育のムーブメントにおいて、象徴的な存在であった。雑誌『賢治の学校――つながれいのち』（鳥山敏子・津村喬（責任編集）晩成書房）創刊号所収の拙稿「賢治の学校とホリスティック教育」（一九九五年一月）を参照。

問題をとらえる発想法の転換

①いじめ「対策」の抑圧的悪循環

それにしても、「いじめることが楽しいと感じてしまうからだが、日本の子どもたちには、すでにできてしまっている。いまの子どもに、楽しいことをしてよいというならば、いじめにかける歯止めがなくなるのではないか。やはり、理性的に善悪を判断して、いじめたくなるような自分の気持ちを抑えることを教えなくてはいけない」と、このように問われもすることだろう。繰り返すことになるけれど、この発想を転換しないと、結局は悪循環が断ち切れないのだと思う。

小さい子どものときから、苦しくてもがまんして何かをしたときには、よくがんばったと褒められる。反対に、楽しくて心地がいいから何かをしたときには、好きでやってるだけでしょ、遊んでるだけでしょ、と特に賞賛されることはない。そのうちに、楽しいことをしていると、何か後ろめたい気になる。いやなことでもがまんしてするのが、いいことだと慣らされる。そうして、「楽しいこと＝よくないこと」「いいこと＝いやなこと」という図式ができあがってしまう。それを「楽しいことは、いいことだ。いいことは、楽しいことだ」と反転させてみる。

いじめることが面白いという感覚を越えていくには、それを抑圧することによってではなく、もっと大きな楽しみの中に、その感覚を浄化していく他はないのではないか。もっと本当に、心の底から楽しいことをしよう。相手も楽しくなければ、自分も楽しくない、と感じるからだは、大きな喜びを味わう体験を重ねるところから生まれてくるものだろう。いじめを超える喜びを育む学び場に、学校がその本来の姿になっていくことが、回り道のようでも実は根本的な、いじめの対策になるのではないか。

②いのちが響き合う「シンパティコ」

相手も楽しくなければ自分も楽しくない、みんなが楽しいときは自分も楽しい、というように、痛みと楽しさが響き合い共鳴し合う感性を、メキシコでは「シンパティコ」とよぶ。異他なる生命に対して、共通する〈いのち〉において感応する力、とでも言えるだろうか。メキシコでは、「シンパティコ」な人かどうかが、人を評価する最も重要な基準――たとえば、どんな人を大統領に選びたいか、という基準でさえ！――だと言われている。学校という空間でも、頭がいいとか、スポーツができるとかよりも、「シンパティコ」であることが大切にされる。

教室での授業の円滑な遂行よりも、「シンパティコ」を大事にするメキシコの子どもたちの様子を伝えるエピソードを、最後に一つ紹介したい。あの「いじめ」を扱った授業のあと、日本の学校に自分たちの想いをつづった文集を送ることになったのだが、そのプロセスでの一コマ。

原稿が出そろい、家が文具屋をしているある女子生徒Iさんが、その版下を家で仕上げて印刷してくれた。ところが、メキシコでは当時まだ普及していなかった縮小コピーを使ったため、予想していた額よりも高くついた。彼女は、申し訳なさそうにその額を伝えたが、ヤンチャで冗談好きの男子生徒O君が、「おまえの家はたくさんもうけたんだろう」と言ってしまった。授業中のクラスはその瞬間、しんとなり、Iさんの顔はみるみる曇り、ワッと泣き出して、そして教室から飛び出していく。教師（筆者）が言葉を発するより早く、「しまった」という顔をしたO君は「先生、オレ追いかけて謝ってくる」と言って、後を追いかけて出て行った。正直なところ筆者はどうしたものか、戸惑うばかり。クラスの皆を見渡して無言でたずねると、「心配だけどだいじょうぶよ、まかせておいて授業を続けて」とある生徒が言い、他の生徒もうなずく。一応授業をはじめるが、でも、皆も自分も心が重くて、いつものようなノリにはならない。

しばらくして、また誰かが、「先生、ちょっと遅いから、そろそろ様子を見てきて」と言い、皆が同意する。教室を出て探すと、校庭のすみに腰を下ろして並んで座っている二人がいた。O君はIさんに寄り添い肩にやさしく手をかけて。近づいていくとIさんは、涙を拭きながら「もうだいじょうぶよ、先生。もうしばらくして落ちついたら教室にもどるからね」。O君は、「みんなによろしくな」と目を合わせて頷く。安心して教室に帰って報告すると、みんなも安堵した表情になる。しばらくして二人がもどってくると、温かい空気が包み込み、いつもの楽しい教室がかえってきた。

うまく伝わっただろうか。このときには、本当にメキシコの生徒たちの「シンパティコ」を感じて、彼らのことが大好きになった。メキシコのどこにもいじめはない、と強弁するつもりはない。でも、彼らが、こういう共感力、「シンパティコ」を大切にしていることだけは、現場のいろいろな経験から確信のもてるところだ。そして「いじめをしても楽しくない、仲良くするほうがもっと楽しい」と発想できる感性が育っている（というよりも、つぶされていない）のもたしかだった。楽しさ＝喜びが、いじめを超えていく可能性を、彼らが示唆してくれていると思う。

では、このような「シンパティコ」な感性は、どのようにして育つのだろうか。「ホリスティック教育」というのは、まさに対立し分断しがちな、頭と心と体のつながりを、意思と感情と思考、意識と無意識のつながりを、自己と他者のつながりを、すべてのいのちあるものたちのつながりを、いま一度深くつなげ合わせようとするもの。そして、そのつながりを生きることで溢れ出る喜びを育てようとするものだと言える。以下に少しばかり、大局的な時代認識を交えながら、いじめを含む問題は、教育をホリスティックな発想法に基づくものへと転換することによってこそ根本的な改善が望める、ということを見ておきたい。

ホリスティックなものの見方・考え方へ

①機械論的思考法とシステム化された学校の問題

近代的な機械論的、目的合理的な思考法は、子どもを未来に役立つ人材として素材視し、いかに「期待される人材」を効率的かつ大量に生産できるか、という発想で教育をシステム化してきた。そこでは、

（ｉ）　子どもを、それ自体で意味のある存在として見るのではなく、何かの目的に役に立つかぎりで意味のある道具的な存在（人材）として見る見方

（ii）子どもを自ら成長していく力を秘めているものとして見るのではなく、外から計画的にコントロールできるし、またそうしなければ動かない存在として見る見方

（iii）子どもを全体として見るのではなく、大人の側がもっている評価の尺度や枠組みに当てはめて、それに適う部分だけを見て、それ以外は排除したり無視したりする見方

などが支配的になりがちだ。友だちをモノや道具のように扱い、使い走りにしたり無視したり排除したりする「いじめ」には、このような大人の子どもへのまなざしが、影響しているのだと言えないだろうか。

子どもをいのちある人間としてではなく機械や道具、材料（人材）として見る、というのは、多くの教育に携わる人にとって、そんなことはない、極論だ、と思われることだろう。たしかに学校の中で、人間を大切にして奮闘している心ある教員はたくさんいる。ここで指摘しているのは、しかし、近代化の機関車としてデザインされた近代学校システムが、そこにいる個々の教員の意図にかかわらず、人材育成システムとしてもっている機械論的な見方についてである。

たとえば、全国規模で一定の質を保証しようとすれば、子どもの多様な差異を最小限に見積もった標準的な一律カリキュラム（学習指導要領）が必要になる。指導案どおりに達成目標へ向けて授業が滞りなく進行したとき、それがよい授業だと考える発想の中にも、逸脱を許さずクラスの生徒全体の統制をとれる人が指導性の高い教員だという考え方の中にも、すべての子どもの行動をあらかじめプログラムしたりコントロールできるという考えが潜んでいる。また、算数の授

業では算数を、社会の授業では社会を、道徳の時間には道徳を、音楽の時間には音楽をそれぞれ指導するし指導できるとする発想自体が、そしてそれをそれぞれの項目別に評価できるとすること自体が、知・情・意や心と身体を分けられるものと考える分割分析的な思考法に支えられている。学年ごとの年間カリキュラムや時間割を、その日の子どもと向き合う前から、あらかじめ決定しておけると考えることからして、機械論的だと言える。

機械論的なアプローチは、それが適用される範囲が正しく限定されていれば、有効なものでもある。しかし、学校のすべての場面で機械論的なアプローチが支配的になり、家庭も地域社会も学校の下請け機関になり、合目的的なシステムに組み込まれるとき、問題が出てくるのは必然ではないか。いじめや不登校の問題の背景には、このような全体状況がかかわっている。だからといって全体状況が変わらなければどうしようもない、という問題でもない。このシステムを作り出したのも動かしているのも人間であり、先に述べてきたような人間の発想法であるとすれば、一人ひとりがそのような思考のスタイルや生のスタイルに気づき、子どもと教育というものを見る見方を、転換してみることから出発できる。

②ホリスティックなものの見方に基づく教育へ

このような方向転換が、ホリスティックなものの見方・考え方への転換だと言える。では、その特長はどのようなものか。ここでは前項で機械論的思考法の問題点としてあげた三つの見方に対応させて、ホリスティックな思考法について説明してみたい。

（ⅰ）子どもをまず、有用な人材として見るのではなく、存在することそれ自体で意味あるものとして見ること。野生のイノシシは、あるべくしてそこにある（存在価値）が、畜産のブタは、生まれたときから人間に食べられる食材として育てられる（効用価値）。機械は、それを使用しようとする目的をもった誰かが、手段として組み立てたもの（目的の外在）だが、この世界のいのちあるものすべては、何かのための手段・道具としてそこにあるのではない。あるべくしてそこにある、としか言いようのないもの、存在すること自体に目的が含まれているもの（目的の内在）だ。

もちろん、より価値ある人間であろうと努めること、それを促すことも必要だし、それは教育という営みと分かちがたいが、その根底にまず、〈今・ここ〉にこうして生かされ、「ありのままにある」こと自体に喜びを感じとれる関係が必要だということ。そのような関係が、生きる土台にしっかりとあって、それに支えられていること。ホリスティックな教育はまず第一に、生きとし生けるものすべてが、大いなるいのちのつながりの中で、かけがえのない生命であるという、いのちのつながりを自覚する喜びに基づくものである。この喜びに支えられて子どもたちが育つかどうか、それが、いじめを超えていくことができるか否かに、大いにかかわることだと考える。

（ⅱ）壊れた機械は自ら修理することはできないが、トカゲの尻尾は切れても自分で修復する。

機械ではなく生命というものの特徴は、自己組織化していく自己成長力をもっているという点にある。ホリスティック医学が、自己治癒力を重視してその力がはたらきやすいように支援するのと同様、ホリスティック教育は、自己成長力、自己学習力を重視して、その力が発揮され育まれるように支援する。そして、そのプロセスは、設計図に基づいて計画的にプログラミングできるものではない。

機械論的なパラダイムを更新してきた現代諸科学も明らかにしているように、新たな秩序が生成する変容は、ゆらぎ（逸脱や偶然性）が増大する混沌を通して生じる。私たちは経験的に、古い自分から新しい自分へと生まれ変わるような根本的な成長が、思いがけない他者との出会いや人生の危機を通して生じることを知っている。もちろん、その道の先達から系統的段階的に教えてもらうことで学べることもたくさんある。しかし、人生の意味に目覚めたり、独創的な発想力が育ったりするのは、画一的計画的に管理された空間においてではなく、自発的に参加でき、多様な個性に対して柔軟に応答できる開かれた場においてだろう。機械論的な逸脱消去的制御（コントロール）の原理よりも、「多様性」「開放性」「連結性」「ゆらぎ」などの、生命システムの自己創出性（オートポイエーシス）の原理を、ホリスティック教育は基本に据えることになる。それは、異質なものを排除して消去しようとする排他的ないじめの原理に対する、多様な違いに開かれたつながりの原理に他ならない。

（iii）一人の子どもは、全体的な統一体であり、知性や感情や意志は、その全体の中に結び付けられていてこそ健全に育つ。機械であれば、まず部品をつくってそれから全体へと組み立てることができるが、知性や感情や意志は、他と切り離してそれだけで独立して育てられるようなものではない。啓蒙的な理性を高く評価し、また科学技術の担い手を育てようとした近代の教育は、知性を偏重してきた。また、知育偏重を批判して徳育重視が言われるときにも、知と徳を切り離して考え、道徳や心を、それだけで教え込もうとした。それに対しホリスティック教育は、知情意や心と身体のつながりを育むことに焦点を当てる。

そして、子どもは個人としての全体性をもっているだけでなく、家族などの共同体や文化圏や人類や、そして地球生態系のかけがえのない一員だ。子どもを全人としてホリスティックに見る、ということは、このような多層的な次元をもった〈いのちの織物〉の広がりにおいて、また進化史的な時間を貫く大いなる〈いのちの流れ〉において、今ここに一つの生命が表現しているものとして子どもを見る、ということ。大げさなようだけれども、教育という営みを自己反省してみるときの尺度と枠組みを、近代学校的な視野狭窄から解き放ち、もっと天地一杯に拡張してみる必要がある。私たちの足元、東洋の古来の知恵が、教育を「天地の化育を賛《たす》く」営みとして、つまり「天地全体の進化生育を喜んで助ける」営みとして、まさにホリスティックに理解していたように。

6　色彩表現の中で出会う〈内〉と〈外〉――シュタイナー教員養成講座から

トロント郊外に、カナダで最初にできたシュタイナー学校がある。その学校紹介文には、「シュタイナー教育は、ホリスティック教育の最良のモデルの一つである」と記されている。この学校には、シュタイナー学校教員の養成センターが併設されていて、一九九八年から九九年にかけた一年四か月の滞在中に、その講座をよく受講した。講義だけでなく豊富な美的芸術的な表現活動が提供されていて、いちばん気に入っていたのが絵画、というか色彩表現の講座だった。

目の前にいつも世界が開かれているが、そこにこれほどの色彩があることに、これまで気づいていなかった。この世界の光と闇のあいだに、多彩な色が、繊細に表現している。刻々と移りゆく夕焼けの色の変化に、時を忘れて見入ることができるようになり、暗闇のろうそくの灯のまわりに、虹の円環が見えるようになってきた。今でも色彩に十分に目覚めているとは言えないけれど、これまでいったい何を見ていたのだろう、と思うことがある。

アメリカのメイン州で、このトロントのセンターとも連携する夏期集中プログラムがあった。三週間、朝から夜まで百名以上が合宿しながら、さまざまな講義やワークショップに参加する。私は思い切って、午前は水彩画、午後は黒板絵のアート実習を中心に受講した。

毎日、色と向き合い、絵を描いていた。そこでめざすのは、上手に絵を描けるようになることよりも、自己の変容。色彩を通して自己の内面と外界が一つに出会っていく体験だった。

講師はドイツのシュタイナー教育の本場シュトゥットガルトから招いたペーター。外にある形（たとえば自然の風景）を紙に写し取るのは絵画ではない、というのがペーターの徹底した指導だった。色や絵を通して、内を外に表現することによって、自らの内と向き合うこと。しかしそれは、内面にあらかじめイメージされた形を、外にある画面に映し取っていくことでもない。色と対話することによって、そこに動きはじめる色彩が生み出す形態を表現していく。色彩の世界に身を投げ入れ、むしろ内と外の境界を溶かし込んでいく。

はじめに色彩がある。はじめに描こうとする内的イメージや外的風景があるのではない。主観的でも客観的でもなく、内と外が出会い、対話し、しだいに両者の区別がなくなり一つになっていくところに、色彩の表現が生まれてくる。

もう少し具体的に書きたい（絵を見てもらわずに言葉で表現するのは難しいが）。この水彩画のワークショップには、三週間通してのテーマが、一応決められていた。それは「季節のムード」というものだった。しかし最終日まで、「春」「夏」「秋」「冬」といった直接に季節を表す言葉は用いられなかった。それを用いると、外的自然を描写する絵になってしまいがちだからだ。

たとえば「黄色がリードする絵」を描いてみる。黄色の明るい明度に、他のすべての色彩をそろえるように描き出す。あるいは次の日は、「青色がリードする絵」。青色の暗い暗度に、他のすべての色彩を深めていく。黄色の方では、軽やかに明るく、すがすがしい光が溢れてくる。青の方では、重く暗い押しつぶされるような闇が迫ってくる。朝一番のクラスでそれを描くと、一日じゅうその気分をひきずり、そこから抜け出すのが難しいほどだ。

毎朝、前日に描いたクラスみんな（一六名）の絵が壁に張り出されていて、それがまた教室全体のムードをつくりだす。そして合評し合う。テーマに応じた全体としてのトーンがある一方、よく見ていくと、そこに一枚一枚、その人ごとの内面の多様な違いが表現されている。隠しようもなく、それに気づき合うことができる、とてもいい機会だった。

自分にとってターニング・ポイントになった評があった。「青色」の私の絵に対して、「夜の闇に沈む湖のように美しい」と評してくれた人がいた。それに対して、ペーターは厳しい。「たしかに美しいが、それだけでは何ものでもない。内なる闇が表現されていない」と。内なる闇から「逃げている」とまでは言わなかったと思うが、私は見抜かれた、と思った。

たしかに、この絵を描いていくプロセスを振り返ってみると、色を重ねて暗さを増していく、そのある時点で、それが重苦しくなってきたため、そこで手控えて、キレイにまとめあげてしまったと言えそうだ。それが結果として「夜の湖面」のようになったわけだが、自分自身は、かえってなにか後味が悪く、重く沈んだ気分を引きずっていた。そこに期せずして生まれてきた闇に向き合う直前で躊躇し、中途半端に終わったのかもしれない。他方、この絵などはどうか、とペーターが指した絵は、どこまでも（救いのないほど）重く暗いドロドロした闇であった。ところが、それを描いた人は、今の自分には「黄色」の方が筆が進まず疲れたが、この「青」の方は、どこまでも描き込むことができて、そして描いた後、満足感が残った、と言っていた。

この青色や黄色、そして赤と緑などを主題とするのは、第一週目のまだ習作の段階だった。「内面の闇や光」というときの「内面の」という表現には、しばしば「ソウル（魂）の」という言葉が充てられていた。色を通して魂と向き合うことを、はじめに徹底して習った。それから「熱さと渇き」（いわく「けっして砂漠の風景を描こうなどと思わぬように！」）、「冷たさと湿り」などを経て、「渇いた寒さ」と「燃えるような暑さ」の作品を仕上げていった。

この「燃える暑さ」の作品の最終段階で、ようやく外なる色画と内なる魂が出会い、色と対話を続ける中で、いつしか色彩の中に自分が生きていて、その色彩が意志をもってダイナミックに躍動しはじめ、画筆はそれにつられて自動的に動いているのを体験した。時間を忘れて無我夢中、気がつけば深夜の二時まで没頭していた。筆を置いていい瞬間は、絵の方が教えてくれた。そして明くる朝、自分の絵を見て、これを自分が描いたという事実に驚いた。

最後に「赤と緑と黒」の作品に取りかかった。（一人を除いて）みんなこの作品は途中で終わってしまった。時間切れだっただけではない。多くの人が、「黒」を画面に招き入れられなかったのである。「緑と赤」（この場合の赤は、暖色の朱に近い赤ではなく、ローズ色、あるいは澄んだ桃色）は、「暑さ」「寒さ」を描くあいだに、私たちの内面で恋い憧れるものに熟成していた。そこに「黒」（三原色を混ぜて創りだしていくのではなく、「漆黒」の絵の具を直接に使う）をたっぷりと用いるように、との指示が、私たちにとって実にチャレンジングなものだった。例によってペーターは、

「たしかに美しい。でもそれが何だ。突き破れ、もっと黒を！」とみんなに示唆してまわっていた。置いた黒が気に入らず、途中で自分の絵をメッタメタにしてしまった人もいた。

「黒」は「死せるものの色」であり、「生命あるものの色」（緑と赤）がそこから生みだされる瞬間を描く（という「指示の意図」は最終日に明かされたのだが）という「生と死と再生」の絵。死から逃げて生はない。死によって裏打ちされない生は、陰影のない平板な生にすぎない。赤や緑に黒を重ねていくのに（黒に赤や緑は重ねられない）、どれほど勇気を必要とするか、痛感した。あるいは、黒以外の色は、色が交じり合い重なり合いながら新たな色や形態を生みだしていくが、黒だけが、はじめて描き手の主体的な決断を必要とする。そしてその決断は、取り返しがつかない。

閑話休題。ペーターは、ドイツのシュタイナー教員養成課程でも教えている。「芸術を用いた教育」にとどまらず、「芸術としての教育」「教育者は芸術家」だとシュタイナーが言うとき、そこにどれほどのことが込められているのか。多彩な色合いをもった十人十色の子どもたちがいる。先生はいろいろな子どもたちとともにあって、その色彩の中に自分の色を置く。教室というキャンバスの中で、色と色が響き合いダイナミックに動き出す、その動きに応じてタクト（絵筆）を振る（個性・気質を色で表現するシュタイナーの理論は、それを助けてくれる）。そのためにも、まずは先生自身が、自分と向き合い、自分の色の動きを、よく知っていること。育ちゆく子どもたちたちは、前に立っている自分の内面の色調を絶えず映し出す鏡でもある。

コラム② みどり色の不思議

京都は嵯峨野、人間国宝の染色家、志村ふくみさんの仕事場にて、藍染の現場を見せてもらった。白い絹糸の束が、藍が発酵して異臭を放つ黄土色の液体に沈められ、十分に揉まれ揺すられる。

「引き上げる瞬間をよく見ていてください。」

一気に高く引き上げられた絹の束が絞られると、その一瞬、みずみずしくあざやかな「みどり」色が現れる。みるみるうちに、それはエメラルドのような青緑に、そして青に、そして青が深まって、あの藍色に落ち着いていく。

束の間の、色が生まれるその瞬間にだけ、どこからともなく表現して移ろい去っていく「みどり」という色。黄に青でみどりを染めることはできても、自然の草木で、直接にみどり色に染め上げみどりを定着させることはできないのだと志村さんは語る。それほどみどりという色は繊細で移ろいやすく、安定しない。安定した秩序がゆらぎ移ろいゆく、その動的な拮抗の境目に、不思議なみどりが立ち現れる。

たとえば、「みどり児」という言葉がありますね、と志村さん。生まれたての嬰児に、みどりの児をみてとる眼力を、日本の文化はもっていた。生以前の世界と生の世界の境界に、みどりの児が一瞬だけ立ち現れ、それが赤子、赤ちゃんとして定着する。

ともに訪ねたJ・ケーン氏は、その藍に染める絹の束を引き上げる両手の動きが、大地から命を汲み上げ天に向けて高く捧げる聖なる儀式に見えたほどだという。ケーン氏は、集中講義をお願いして日本に招いたニューヨーク・シュタイナー学校の元教師で、『ホリスティック教育レビュー』誌の編集長（当時）。志村ふくみさんは、日本人智学協会関西支部の代表（当時）も務め、またお二人ともゲーテの色彩論に魅せられた経験をもつ。

光と闇が拮抗するその境目に、色が現れる。このことをケーン氏は日本の大学での授業で強調し、水彩画などのさまざまなワークやプリズムをつかった実験などをした。色という現象の本質を問いかける中で、表面的な見かけの現象の背後にあるもうひとつのダイナミックなリアリティの意味を直視する体験を求めた。闇に光が重なることによって、空や遠くの山なみの青が、光に闇が重なることによって、たとえば夕焼けの赤が、そこに表現する。彼が学生たちに出した宿題は、夕焼けをよく見つめること。そして、こう言い添えた。「ときに運がよければ、青い空が赤い夕焼けに染め上げられていく、その狭間に、ほんの束の間、みどり色の夕焼けを見ることができます」。

〈初出文献〉
「みどりいろの不思議」『エコダイアリー歳時記1996』エコビレッジ基金、一九九六年。

初出一覧

第1節　「近代教育を超えて――メキシコ自立共生の社会点描」『くらしと教育をつなぐWe』フェミックス、一九九三年四月号。

第2節　「〈いのちのつながり〉に生きるホリスティック教育」『月刊くだかけ』くだかけ生活社、一九九三年五月号。

「ホリスティック教育の基本的観点」『月刊子ども論』クレヨンハウス、一九九三年五月号。

第3節　「米国フリースクールの新しいステップ／フリースクールと公教育／もう一つの教育実習」『エコ・ダイアリー歳時記　1995』エコビレッジ基金、一九九五年。

第4節　「訳者あとがき」J・ミラー（著）『ホリスティック教育――いのちのつながりを求めて』春秋社、一九九四年。

第5節　「根本的に対応する――ホリスティック教育とは何か」手塚郁恵・吉田敦彦ほか（編）『喜びはいじめを超える――ホリスティックとアドラーの合流』春秋社、一九九六年。

第6節　「色彩の中でひとつに出会う〈内〉と〈外〉」『季刊ホリスティック教育』第一三号、日本ホリスティック教育協会、一九九九年。

第2章　【二〇〇〇年代】　シュタイナー学校とともに歩んで

——座右にはブーバーの対話哲学

第2章では、二〇〇〇年代に入り、シュタイナー学校づくりに深くかかわった時期のエッセイを集めた。ホリスティック教育は、大きなヴィジョンを描くものであって、それを現実のものにするには、より具体的な実践モデルが必要になる。トロントでそれに出会ったのがシュタイナー学校。折しも、三人の我が子が学齢期を迎える時期となり、帰国して、京都で仲間たちがはじめていたシュタイナー学校づくりに参加した。「自分が好きだと思える学校をつくりたい」と願った高校生のときからの初志。もちろん理想的にばかりはいかない現実の中で、親として、学校運営者として（妻は教員として）、仲間たちと喜怒哀楽をともにしながら格闘した。大きな家族のような学び舎の中で、子どもたちは学び成長していった。その渦中で書いた随筆をこの章に載せる。加えてここには、M・ブーバーの哲学にかかわる随想が入る。というのも、九・一一ニューヨークのテロからはじまった〇〇年代は、ホリスティックなヴィジョンの方向へ世界が転換していったとは言い難く、その弱さを見極め、問い直す必要を痛感していたからである。その際、学生・院生時代から座右に置いていたブーバーの対話哲学が、今一度ホリスティック教育の思想を練り直し、シュタイナー教育の理解を深めるためにも、格好の研究関心となったのである。

1　シュタイナー学校との出会い――先生のこころを込めた教室

精魂をかたむけた教室づくり

九月からの新学年がはじまる前、夏休みの終盤になると、シュタイナー学校の先生たちは、持ち上がる学年の新しい教室に「こころを込める」ことに余念がない。

たとえば、教室の壁の色塗り。シュタイナー学校の教室は、学年ごとの子どもの発達に応じた色調に整えられている。三年生ならば、黄色。必ずしも毎年塗り替えるわけではないが、息子が通うカナダはトロントのシュタイナー学校の新三年生のクラス担任、ポーメランツ先生は、自分で壁を塗ることに決めた。

前年度の三年生も、その教室を使っていた。そのときも黄色に塗られていたし、カーテンの色なども整えられていた。まだ色あせていないし、美しくないわけではない。しかしポーメランツ先生は、引き継いだその教室に入ったとき、「何かが違う」と感じた。一年二年と持ち上がってきた子どもたちと自分の教室になるには、なにか気配が、空気が違う。

ここで前年度の主《ぬし》が一年間、毎日毎日暮らしてきた。そのあいだに、この教室には、やはり多かれ少なかれ、その子どもたちと先生の魂が込められた。それがまだ残っている。私たちのものとは少し色合いが違う。

そこで先生は、真っ白に塗り直し、そのうえで黄を配色していくことに決めた。幸いにも、そのアシスタントをさせてもらえた。染料、刷毛さばき、用いる道具（たとえば、合成繊維の刷毛ではなく、海で採れた本物の海綿を使った）、その他いろいろ学んだが、いちばん大切なことは……。

初日、教室で顔を合わせると、「まず、気持ちを整えましょう」とポーメランツ先生は言った。「お互い、外のあれこれの忙しさを引きずって、ここへ来たものね」。そして、ネイティブ・アメリカンの使うセージの香とロウソクを取り出した。教室の床に腰を下ろし、ロウソクを灯し、セージを焚いて香をかけ合い、そしてしばし、目を閉じて祈りを捧げ、沈黙の時間を持った。目を開けたときに、自分がこの教室の〈今・ここ〉に存在していると感じることができた。そして、これから一緒にすることの意味がわかった。もしこのひとときをもつことなく、いきなり壁の色塗りの作業に取りかかっていれば、それは私にとって、上手に塗れるだろうか、と気にしながらの「作業」にすぎないものだった。その違いを思うと、こわくなるほどだ。

それから連日、いつもこの「招魂の祈り」からはじめる仕事が続いた。白の素地塗りを終えると、いよいよ黄色（レモンイエローとゴールデンイエロー）を海綿が生みだす自然な動きを大切にしながら塗っていく。

ところで、教室のメインルームの傍らに、小さな四畳半ほどの小部屋がついている。この小部屋の使い方は担任にまかされている。ポーメランツ先生は、この小部屋を、日常の教室から区別して、特別な時間にだけ使用する、ある種の非日常の空間として用いたいと考えた。そこの壁も、大部屋の色彩の単なる延長ではなく、あるコンセプトをもった絵画表現を入れて。

そのコンセプトは、まだ夢見心地なところのある今の三年生に必要だと先生が感じているもので、彼らの目覚めをうながす、内的な炎のような強い光と熱。それを、私に描くようにと先生は言う。もちろん固辞したが、夏のシュタイナー教員養成合宿の色彩表現講座で描いた「燃えるような暑さ」をテーマにした絵（本書第1章第6節参照）を見てもらった際、彼女にそのコンセプトが浮かびあがり、筆者が描くべきだと感じたのだという。辞退は受け入れられず、描いたものがダメならば白塗りをして彼女がやり直すという約束で、トライすることになった。

ポーメランツ先生はメインルームの壁の方に専念し、私はその小部屋にこもって、海綿を持って壁に向かう。先生が不在のときも、一人で続けることになった。一人でも必ずセージを焚き、黙想してから描く。気持ちが続かなくなると、またセージを焚いて、目を閉じて静かに、祈る。そうしてあらためて描きかけの壁に向かうと、絵の方がぼくを導き、自然と手が動いた（辞退が受け入れられないときに、自信がないので下絵を描いて、それが大丈夫ならば、と条件を出した私に、先生は「下絵をコピーするような描き方を貴方に期待しているんじゃないの、わかるでしょう」と言った）。

その絵ができたときには、できた！　と思った。次の日に、違う光のもとで見てみると、自分が描いたとは思えなかった。先生は、すばらしいと言った。自分が描いたと思えない、と私が言うと、そのとおり、あなただけの力で描いた絵ではない、ちゃんと天が助けた絵だから、と。

毎日のように、この教室にアシスタントとして入っている。朝着くと、私はまずこの小部屋に入らせてもらい、しばし目を閉じる時間をもつ。それから子どもたちのいるメインルームにもどる。そのことで、子どもたちを迎えるこころの準備ができるように感じる。

あたふたと遅れ気味に教室に駆けつける日もある。そのときは小部屋には入る余裕がなく、与えられた席で気持ちを整えようとする。でも、小部屋にいるときほどうまくいかない。少なくとも私には、こころを込めてつくったあの空間が、大きな助けとなっている。

そう気づくと、なぜにシュタイナー学校の先生たちが、夏休みに多くの時間をつかって秋の始業へむけて精魂をかたむけた教室づくりをするのか、それが少しわかった気がする。なぜポーメランツ先生は、前年度の色あせてもいない黄色を何日もかけて塗り直したのか。「教室」というのは、単なる物理的空間ではなく、その先生と子どもたちの魂が築き上げていく、かけがえのない特別な空間なのだ。

「こころのこもった空間としての教室づくり」。これには、「後日談」ならぬ「前日談」がある。

担任の先生との出会いの場——癒し空間としての教室で

話は、三年生の息子が、担任のポーメランツ先生と出会った最初の日に遡る。少し回り道になるし、私事だが、この「教室」のもつ場のパワーを痛感した出会いの瞬間について語らせてほしい。

父親の仕事の都合で、自分の意志とは無関係に遠い異国に彼が連れてこられたのは、六月に七歳になったばかりの夏の終わり。日本で四月に小学校に入学して一学期を終え、カナダに来て二週間も経たないうちに、九月の新年度、まずは公立の小学校に編入した。

ところが、トロントの公立学校では教員削減や学力テストの導入などが本格化したタイミングの悪い秋だった。教員ストライキさえ準備される中、外国人児童の息子へのケアは手薄になり、辛い日々となった。学校では、先生も友達も全然わからない英語ばかりで話す。夜寝ようとしても、英語がぐるぐる頭の中をまわって寝つけない。朝起きて、またあの英語だけの、何をしていいのかわからない世界に入るのだと思うと、学校には行きたくない。休む日も出てきた。

妹が幼稚園部に通っていたシュタイナー学校に相談してみると、二年生には一人空席があって、担任の先生が面談をしてもいいと言ってくれた。九月末、まず両親が会いに行った。お互いすぐに信頼感が生まれ、早い方がいいということで、次の日の放課後、本人がこのポーメランツ先生と会って面接することになった。

次の日、なんとか息子を連れ出そうとしたが、本人は行きたくない。やっと英語から解放される放課後になったのに、また英語を話す人と、ましてや新しい学校の先生に会いに行くなんて、もうこりごり。なんとかシュタイナー学校の入り口ロビーまで引っ張って行ったものの、先生が迎えにくると、親にしがみついてかぶりを振り、顔を上げようとしない。

気持ちは痛いほどわかる。よくわかるだけに、芸術的な表現を通した授業で言葉の問題も少なく、単語テストで苦しめられることのない、シュタイナー学校に転校できるのであれば、という親心だったが、これは困った。説得はしてみるが、うまくいかない。あきらめてここで帰ろうか。でもそうしたら面接失敗、ということになる……。

その様子を見守っていたポーメランツ先生は、言葉をかけることはせず、まず上階の教室からライヤー（シュタイナー学校でよく使うハープの一種）を持ってきた。子どもの傍らに座って爪弾きはじめる。その音色に耳を傾けている。少し落ち着く。が、まだ顔をあげようとはしない……。

さて、ここからこの話の本番。先生は、言葉で無理に面談に引き入れようとはしない。

「それじゃあ、私は職員室でまだ仕事があります。二階にある二年生の私の教室は鍵が開いているので、せっかく来たのだから、家族で教室に入って、少し遊んで帰ればどうかな。そう彼に通訳して」と言い残して、職員室に消えていった。私は、先生もあきらめたのだと思った。息子も、ほっとした。「じゃあ、教室で遊んで帰ろうか。」「うん。」

そして、放課後の誰もいない教室に入る。入ったとたんに空気が変わり、彼の顔色が変わる。今にも動き出しそうなバッファローの黒板絵に見とれ、フェルトで作った大きなタペストリーに隠し絵のように編み込まれたたくさんの動物たちを見つけだし……。いろいろな自然物の飾り台のところで、キレイな石や鉱物にさわり、ホラ貝に耳をあてて、「海の音が聞こえるよ」。包み込むような、自然で美しいものがたくさんある雰囲気の中で、緊張でこわばっていた彼の身体が柔らかくほぐれていく。

すると、その教室へ、静かにポーメランツ先生が入ってきた。先生は、あきらめたのではなかったのだ、はじめから……。

先生は様子を探りながら、「キャッチボールして遊びましょう、と声をかけて」と言う。彼の背中にそう言うと、ボールを持った先生を見て、少しためらった後、意を決したように「よーし」、と乗り気になった。ボール投げが好きな子だ。廊下の向かいにあるムーブメントのできる教室に入る。

ポーメランツ先生が静かにボールを投げる。それをキャッチした彼は、最初、思いっきり叩きつけるように、先生めがけて投げつける。ボールはびっくりした先生にぶつかる。でも先生は落ち着いたもので、静かにボールを返す。今度は、少し力を抑えたが、それでもまだ、内に溜まった、表現できない何かをボールにぶつけるような投げ返し方。先生はそれを受けとめる。受けとめて、また静かに投げ返す。それを繰り返すうちに、彼も、キャッチしやすいボールを静かにスーッと投げ返すようになった。

次は、先生の動きを模倣しながら、身体を動かしていく。最後は床に寝転がって、一緒にゴロゴロ回転までする。しだいに彼に笑みが戻り、しっかり先生と目を合わせるようになった。

教室に戻り、白い紙にクレヨンで、先生の後に続いて線画（フォルメン）を描く。またムーブメントの部屋に行き、リズム遊びや縄跳び、そしてまた教室で……。少しずつ先生に心を開いていくそのプロセスを、すべてを紹介すると長くなるので、印象深い場面をもう一つだけ。

かなり心がうち解けた時点で、簡単な英語でどこまで問いかけが通じるのか、先生は直接に語りかけてみた。「この教室の中の、どんな色が好き？」英語の質問に首をかしげている彼に、私が日本語に訳そうとすると、「わかってる！　その色を英語でどういうか知らないの！」先生にそう伝えると「それじゃ、その色を指さして」。彼はそう聞いた途端、色彩豊かにバッファローを描いた黒板に駆け寄った。そしてジャンプ一番、バッファローの後景に描かれた湖の、青と緑と白が入り交じったエメラルドグリーンの湖面にタッチした。そのときに目を見合わせてうなずいたポーメランツ先生と彼の笑みの美しかったこと（この面接の直後、先生は言った。「感動で言葉がない。私は彼をよく知っていると確信した。ぜひ彼が欲しい」と）。

このように、子どもに導かれるようにしてシュタイナー学校と出会った。この日に学んだことは他にもたくさんある。けれども、話を「教室」に戻して締めくくろう。これほどまでにポーメランツ先生は、子どもたちと出会い、日々をともにする「教室」という場を大切にしている。そこに足を踏み入れるだけで、おのずと心が開かれ、美しいものに触れられる、そういう空間にしたいと。そのように心を込めてつくられた「教室」の空気は、たしかに子どもたちを包み込み、癒し育む。その力を、先生は確信している。

あれから一年以上が経ち、三年生になったクラスに、毎日のように朝のメインレッスン（エポック授業）から、アシスタントとして毎日のように参加している。この教室での一日一日を大切にしていきたいと切に思う。

2　なぜシュタイナー学校づくりに参加したか——バイオグラフィー

シュタイナーを学ぶ会や合宿に参加すると、「自己紹介」にたっぷりと時間を使う。読書会に行っても、本を読む時間よりも参加者の自己紹介が一巡する時間のほうが長いこともある。自分を棚上げせず、まずは自己自身を語ること。その生きた言葉を聴き合うこと。そうして、各自の生きざまを認識し、分かち合っていく。バイオグラフィー（自分史）のワーク。

なぜ、いま自分は京田辺シュタイナー学校にいるのだろう。それは、自分の人生にとって、どのような意味をもつのだろう。バイオグラフィーを子ども時代に遡れば長くなるが、思春期に入った一四歳の頃からはじめてみたい。

どうして、これを勉強するの？

教科書に書いてあることだけじゃわからない、本当に大切なことを学びたかった。ただ、それだけだったのだと思う。

どうしてこれを勉強するの、なぜ大事なの？　そう訊いても、試験に出るから、将来困らないように、としか答えてくれない。そんな教師たちに、中学校の二年生くらいから、学校に行かなくなった高校二年の冬まで、反発し、憤り、そして失望していった。

中学校（公立）では、定期テストの採点が終わるごとに、全体の中で自分が何番かという「席次」の書かれた細長い紙が配られた。この紙切れの数字のアップのために勉強する。それが当たり前になっていくのが耐え切れなかった。男子は丸坊主で詰め襟。靴下の色まで管理された。行き場のない鬱憤を、どう扱っていいのか、持て余した。尾崎豊の歌のように夜の校舎、窓ガラスを壊してまわる代わりに、自分たちは教室中の机を倒してまわった。首謀者と見られて、身体が吹っ飛ぶぐらい殴られた。それでも懲りずに、事あるごとに反抗した。

高校のときは、学年の上位三〇人の名前が張り出された。伝統も理念もない、受験一色の進学校。求められるのは、ただ勝ち続けることだけ。高校二年の夏、ある生徒が自殺した（序章参照）。校長は、「彼は弱い生徒だった。気にせず、動揺せずに、君たち生徒の本分、勉強に励むように」と言い放った。このとき、最後の砦のように守っていた何かが、心の中で崩れ落ちるのを感じた。

秋が深まり、いよいよ限界にきていた頃、幸運にも足を骨折した。まだ「登校拒否」という言葉もない時代、学校を休む言い訳を得た。いったん行かなくなると、歩けるようになっても、もはや心も身体も学校には向かえなかった。家にいることで、やっと時間が自分の手許にもどってきた。朝起きて、自分が何をしたいか、自分に聞いて自分で決められる生活。その冬は、春がくるまでずっと、心身を休めながら、図書館や本屋に行っては、面白そうな本を見つけて読んだ。

その中に、『教育とはなにか』(1)という新書版の本があった。タイトルが目に飛び込んできて思わず買った。日本の学校の基本方針が、経済界のお偉方がリードする「中央教育審議会」というところで、経済競争に勝ち続けられる人材育成を目的にして決められていること。この事実が資料とともに載っていた。学校システムの種明かし。それを読みながら、涙が流れた。怒りや悔しさからくるものではなかった。ああ、そうだったのだ、という深い納得感。逆らい、あがき続けてきた自分が、はじめて、それでよかったんだ、と肯定された気がした。長い間に鬱積した胸のつかえが下りて、救われた気持ちになった。

学校に適応すればするほど、自分が自分でなくなっていく。その違和感は、自分が変だったのではなくて、それでよかったんだ。だって、ここは、僕が僕であるための場所でなくて、僕を都合のよい人材に加工する場所だったのだから。はじめから学校システムは、僕たちが「人間」であるために何が大切か、それを考えて作られたんじゃなかった。富国強兵や経済成長に有用な「人材」育成のために作られていた。学校の先生たちも、そのシステムの中ではたらいていたんだ。そう思うと、彼ら個人に向けていた怒りや失望も、溶解していった。

本当に大切なことを学ぶために

そして、この小さな本には、ある養護学校の実践が載っていた。そこには、本当の教育とは何かを考えるヒントがあった。経済社会にとって有用かどうかの観点ではなく、この世に誕生して

(1)　矢川徳光、新日本出版社、一九七三年。

きた命が、精一杯、その子に応じた仕方で人間らしく発達するのを助ける営み。この著者は、そんな教育をすべての子どもたちに、と訴えて活動していた。教育学部の大学の先生だった。こんな人のもとで学びたい、と思った。自分たちが受けさせられてきた教育を変えるような、そんな仕事をしたい。やっと、なんのために学ぶのか、自分の歩む道が、自分の生きる意味が見えたと思った。

三年生になって学校に戻る前に、この本から学んだことを中心に、『星の王子さま』[2]なども交えて、この高校に対して、大人たちに対して感じてきたこと、いま考えていること、これからめざしたいことを、レポートにまとめた。どうしてこれを書こうと思い立ったのか、よく覚えていない。とにかく自分の言葉にしていくと、力がわいてきた。時間をかけて一人で書き上げ、「どうだ、読んでみてくれ！」と教師たちに提出することで、僕は学校に戻ることができた。

一人の先生だけが、肯定的に反応してくれた。その「倫社」の先生は、「五〇分の授業一回を全部おまえにやるから、これを同級生たちに発表したら」と言ってくれた。思い切って読み上げ、そして、いつしか熱く語っていた。級友たちは、聴いてくれていた。でも、その授業時間の中で、活発な応答をしてくれたわけではなかった。全体としての反応は微妙だったが、「わかるよ、ありがとう」と言ってくれた友達がいた。「もっと早く知りたかった」と言ってくれた友達もいた。数は少なくても、嬉しかった。こんなことが、これからの人生でしていくことなのかも、と予感した。

それからは不思議なくらい勉強にも集中でき、めざした教育学部に進学した。そこで、本物の教育を追い求めた（先の「学校の種明かし」は、事実ではあるけど事実の一面であって、学校という存在はもっと多面的で両義性をもっていることも学んだ）。人間になるために大切なものを、もっともっと深く知りたかった。

そして、本を通してシュタイナー教育とも出会った。が、実際に京田辺でのシュタイナー学校づくりに参加するまでには、まだ紆余曲折もあった。八〇年代にシュタイナー教育と出会い、人智学も学びはじめたのに、結局は一度離れてしまって、一〇年以上経って再び出会い直したプロセス。それはまたの機会に語ることにしよう(3)。

願いが叶った学校づくり

京田辺シュタイナー学校には、大人が授業を受けられる「夏の公開授業」がある。自分が生徒になって三日間の授業を受けていると、理屈抜きに、これだと思った。ずっとずっと、どこかで知っていながら求めても得られなかったその授業を、いま自分が受けていた。それ以来、毎年欠かさず、この公開授業を、大学のゼミ生たちと一緒に体験している。

（2）サン・テグジュペリ（著）内藤濯（訳）、岩波書店、一九五三年。
（3）吉田敦彦・今井重孝（編）『いのちに根ざす日本のシュタイナー教育』せせらぎ出版、二〇〇一年を参照。

そしてこの学校に、筆者の子どもが通い、家族ぐるみで学校づくりに参加している。ここには、入試に出るという理由で教える先生はいない。いつも、この子たちの今にとっていちばん大切な学びは何かを考えている。それだけをまっすぐに考えてくれている。なぜこれを学ぶことが大切なの、と訊けば、すぐに先生はその意味を語ってくれる。待ってましたとばかりに、熱すぎるくらいに！

教科書に書いてあることだけじゃわからない、本当に大切なことを学べる学校。かつて自分が、こんなふうに学びたいと焦がれるように願った、そのとおりに子どもたちは学んでいる。

あの頃すでに、こんな学びの世界がありえることを、直感的に知っていたんだと思う。だから、それを求めて、あれほどまでに反抗し、失望もしたのだろう。それだけ、人一倍に、先生たちを、学校を、好きになりたかった……。

こだわりつづけ、追い求めてきたその世界に、どうやら今生のうちに巡り会うことができた。

【参照】ＢＥＧＩＮ「島人ぬ宝」、尾崎豊「卒業」「僕が僕であるために」。

3　ゆっくりじっくり歩むシュタイナー教育

暴走する快速電車と快速社会

競争に負けないために、スピード最優先。一分一秒に追われて一目散に加速を続け、気がつけば曲がるべきカーブを曲がりきれずに脱線転覆。信じがたいほどの犠牲を生み出した。二〇〇五年四月二五日に起きたＪＲ福知山線脱線事故では、運転士個人の資質、ＪＲという会社の利益優先体質、安全装置の技術的な問題など、さまざまな責任が追及されている。

では、定刻どおりに電車が来なければイライラして苦情を言いたくなる自分自身の問題はどうか。数分の遅れを生んだ運転手が罰せられるような社会をつくっているのは、私たちのライフスタイルそのものと言えないか。時間に追われて猛スピードで走っている現代社会のあり方が、どこか異常なのではないか。このまま加速を続けていくと、環境破壊にせよ人間性の破壊にせよ、大きな破局が予想されている。それなのに、まだ大丈夫だとタカを括ってスピードをゆるめない。気がつけば、時はすでに遅し。曲がるべきカーブを曲がり切れずに転覆してしまう……。

暴走しはじめている快速電車に乗っているのは、じつは自分自身かもしれない。私たちみんなかもしれない。社会の全体が、一つの大きな快速電車。生命よりも効率とスピードを優先する。そして、その快速電車に乗り遅れないように、「早く早く」と子どものお尻をたたく教育……。

スローダウンへの勇気を

もうブレーキをかけないと。この事故は、私たち自身のライフスタイルと社会システムに警鐘を鳴らす強烈なメタファー（隠喩）でもある。社会が全体としてスローダウンすべきことを教えている。合言葉を、「早く早く」から、「ゆっくり、ゆっくり」に切り替えて、社会全体のスピードを、よりスローな方へ舵取りしていくチャンスにしたい。

では、社会のスピードを全体として落としていくのは、いかにして可能となるのか。

その一つの拠点を、「子ども」という存在においてみたい。

自世代の幸せだけでなく、自分たちの生きざまが子どもたちの未来に何を残そうとしているのかを考えること。それだけでなく、今、目の前の子どもたちにとって何が幸せであるかを問うこと。子どもの生きる時間へのリアルなセンスを大人が取り戻すこと。子どもとともにいる時間を大事にすること。そのことが、「早く早く」と追い立てられる社会を、スローダウンしていく転換軸となりはしないか。そしてそれは、なにかしら悲壮なものではなく、楽しいものだ。

子どもの成長に合わせて歩むシュタイナー教育

子どもとともにゆっくり歩もうと思ったとき、その一つの試みがシュタイナー教育だと気づく。日本でも、シュタイナー学校づくりが進んできた。偶然だけれども、かの快速電車が、事故がなければ到着するはずだった「同志社前」という駅は、創設五年目になる「京田辺シュタイナー学校」の最寄り駅でもある。この学校に通う三人の子どもとともに、家族ぐるみでご縁あって、筆者も運営に参加している。

まさに、ゆっくりじっくり、結果を急がず、学んでいる。単にスピードが遅い、ということではない。「大人の時間」に子どもを合わせていくのではなく、「子どもの時間」に大人が合わせていくこと。それは、子どもの言いなりになることでもない。子どもが育ちゆく時間、その時々のリズムやタイミングについての、卓越した洞察に支えられている。

子どもの成長のプロセスには、その時々の「旬《しゅん》」がある。早ければ早いほどいい、というものではない。子どもの発達のそれぞれの時期に、それに見合った「旬」の題材を見抜いて、字を一つ学ぶのにも、九九を学ぶのにも、待ち遠しくてしかたないぐらいゆっくりと時間をかけて学ぶ。繰り返し繰り返し、身体にしみこんで身につくまで、じっくりと熟成させる。

子どもには子どものリズムとテンポがある。四五分でチャイムの鳴る細切れの時間割に子どもを合わせるのではなく、子どもの呼吸するようなリズムに合わせて、ときにゆったりと、ときに集中して、授業のリズムを作り上げていく。年間の季節のリズムに合った行事も大切にする。光と影のあいだにさまざまな色合いが移り行く季節の中で、大人よりも自然に近い子どもは、身体いっぱいにその季節の色彩を浴びて生きている。

「ゆとり教育」と「ゆっくりじっくり」

この「ゆっくりじっくり」な教育は、競争と効率に急き立てられて加速する社会に子どもを適応させることを目的としない。この「快速」社会が異常なスピードで走っているとすれば、それにいち早く気づき、自分の意志とペースで、まわりの人たちともう一つの未来をつくっていけるような、そんな子どもたちが育っていくようにと願っている。

そこが、「学力低下」の一言で揺らいでしまう「ゆとり教育」とは違うところだ。せっかく公教育にも導入されてきた「ゆとり教育」は、この「ゆっくりじっくりの教育」に方向を転換する大きなチャンスかもしれない。それなのに、「学力テスト」の結果に振り回されてしまうのは、相変わらず、子どもを今の社会に適応させることを第一目的にする発想から抜け出せていないからではないか。快速社会がこのまま「ゆとり」なく突っ走ると未来にどんな悲劇が待ち受けているか、その深刻な認識に基づいて、「ゆとり教育」をとらえなおすこと。グローバル市場で競争に勝ち抜く人材育成を最優先する発想をそのままにして、「ゆとり」や「ゆっくり」を唱えても、「学力低下」の一言ですぐに振り子が戻ってしまう。必要なのは、子どものペースに合わせて適切なときに適切なことをじっくり学ぶシュタイナー教育のような洞察だ。それなくしては、授業時数や教科書内容の「削減」に短絡して、「ゆとり」は何もしない時間を増やすだけのように受けとめられてしまう。

先を急がず、プロセスを生き尽くす

電車のスピードアップも、早期教育も詰め込み教育も、発想の根っこは同じだ。とにかく、目的地へ少しでも早く着くために、プロセスはできるだけ省略・効率化していく発想。そのように先を急いで「効率化」したつもりが、でも結局のところ、貧しく危うい結果を生み出してしまう。かつて新幹線教育とも言われた詰め込み教育の反省を踏まえて、本当にゆとりある学びのスタイルをシュタイナー教育とともに模索したい。ゆっくりじっくり、プロセスを味わいながら。

かえってその方が、私たちの人生が辿りつくべきところへ、いつしかちゃんと行き着くのだと思う。というより、たとえどこへ行こうとも、それまで生きてきたプロセスがすべて、それはそれで人生だったと幸せに思えるのだろう。子どもたちには、先を急ぎすぎず、そんな人生を生き尽くしてほしい。

関西ではあの事故のあと、電車に乗っていると、「この電車は二分遅れで発車しました。安全運転に努めたいと思います」という車内アナウンスを耳にする。少々遅れても、安心して乗っていられる方がいい。乗客たちの穏やかなうなずきが、暗黙のうちに読み取れる。

このセンスを、いつまでも忘れずに保ちたい。このセンスでもって、子どもたちの成長のプロセスを見守りたい。子どもたちの未来が、安全で健やかでピースフルでありますように、と願いながら。

コラム③　「市民がつくる非営利の学び舎」の公共性――全国調査より

一九八〇年代後半の京都で、「もうひとつの学びの場」というサークルをつくって、フリースクールなどの学び舎づくりをはじめた人たちと活動していた。その立ち上げには、「使い捨て時代を考える会」が母体となり、人権や環境保護などの市民運動が連携する「京都市民のネットワーク」の事務所を使った。それ以来、このフィールドから学ぶことが多かった。

学校はお上（官公）がつくって与えるものではなく、自分たち自身の手で創り出すもの。自分の人生は自分で選んで決める。既存の学校だけでなく、多様な学び場があっていい……。子どもの声の一番近くにいる人たちが共働して、自前で学び場をデザインしていった。筆者が参加しているNPO法人京田辺シュタイナー学校も、その一つ。さまざまな困難をタフな運営会議を重ねて乗り越え、少しずつ成長している。

他方で、財政事情などの理由から、やむなく閉鎖することになった学び場もある。収入の差による教育機会の格差拡大を抑えるためにも、公的サポートを求める運動も併せて行っている。

関西だけでなく全国で、この十数年のうちに多くの学び舎が続々と誕生し（二〇〇三年当時）、すでに相当の子どもたちが学んできた。その是非論以前に、それが現実である。まずは虚心にその現実と実績から学ぼうと、筆者もメンバーであるオルタナティブ教育研究会（国立教育政策研究所内）による「オルタナティブな学び舎の教育に関する実態調査」（研究代表者菊地栄治）が行われた。民間のフリースクールやフリースペース、不登校生を受け入れている補習塾や進学塾系、そして行政によって設置された適応指導教室（現：教育支援センター）をもカバーして、全国九〇二か所から回答を得た。

ここで特に報告したいのは、(A)NPO法人による運営の多いフリースクール・フリースペースが、他のタイプ、つまり(B)教育委員会系の適応指導教室とも、(C)営利法人による運営の多い進学塾系とも異なる機能をもっている事実が浮き彫りになった点である。

不登校や子どもを見るまなざしにおいて、(B)適応指導教室の場合には、「できるだけ早く学校復帰させなければ子どもは幸せになれない」「学校以外の学び舎に長期間いることは望ましいことではない」「近頃の子どもは理解できない」「がまんすることのできない子どもが増えてきた」「親はもっと責任をもってしつけてほしい」という意識がすべての学び舎タイプの中でもっとも多い。この意識の点で、その対極に、(A)フリースペースとフリースクールがある。

意思決定の主体が、学び舎のタイプによって大きく異なる。(B)適応指導教室と(C)民間塾系では「子ども」が行事企画などの意思決定に参画するのは稀であり、(A)フリースクール・スペースでは顕著に高い。

(B)適応指導教室のスタッフのかなりの割合が元教員（代表者は元校長）によって占められる。(A)フリースクール・スペースの場合は、ボランティアのスタッフや保護者のかかわりが非常に多く、多様な職種経験をもったスタッフから構成されている。

(B)適応指導教室に比べて(A)(C)民間の学び舎には、多様な背景の子どもたちを受け入れる傾向がある。適応指導教室に「適応」できずにフリースクール・スペースへと移る子どもが存在している（その逆は稀）。引きこもり経験者もフリースペース・スクールには比較的多い。

子どもや親が「社会活動に積極的に参加するようになった」のは、(A)フリースクール・スペースにおいて多い。「地域住民と交流する機会」を設ける割合も相対的に大きい。もっとも「地域住民との交流」が少ないのは、(B)適応指導教室である。(A)フリースクール・スペースは、社会適応を方針として強調していないが、実際の運営では、むしろ積極的に社会へ開かれている。

このように見てくると、市民がつくる非営利の学び舎が、私的な関心に閉じられることなく、むしろ高い社会性と公共性をもっていて、子どもが学ぶ機会の多様性を保障するものであることがうかがえる。

長引く不況。子どもの虐待やネグレクトも増える中、学習機会の不平等が拡大しないように、公教育は引き続き重要な役割を担っている。特区制度を利用した私的営利を追求する株式会社等による公教育領域への参入に対して、慎重論があるのも理解できる。他方で同時に、市民が自前で公共的な学び場を創り出す道に対しては、官公からの強すぎる規制の緩和、公費による積極的な財政支援を進めるべきだ。

単に「公」と「私」の二項を対立的にとらえた議論ではなく、たとえば「行政の官公」―「市民の公共」―「私的な営利」といった三項の間を切り結び、ともすれば生じがちな公教育と学習機会選択をめぐる「ねじれ」を丁寧に解きほぐす対話が必要になっている。そのためにはまず、現実の状況認識を共有することからはじめるべきで、この調査結果がその一助となれば幸いである。

〈初出文献〉
「オルタナティブな学び舎の全国調査」『月刊はらっぱ』子ども情報研究センター、二〇〇三年。

4　シュタイナー学校の成長プロセス——誕生した学校とともに歩んで

京田辺シュタイナー学校の校舎二階にホールがあって、その舞台から見て左上方、東の空に向けて天窓が開いている。あるとき、その天窓から差し込む光の中に、たくさんの子どもたちの瞳を感じたことがあった。天にいる透明な子どもたちが、まっすぐにこちらを見つめている。あたたかく見守っている、というより、じっと何かを問いかけている、といった感じ。背筋が伸びる。

このホール天窓からのまなざしは、自分にとって、その後も大切なイメージとなった。子どもたちが精魂を込めた卒業演劇や卒業プロジェクトの発表会、親と教師が議論を重ねていよいよ一つのことを決断する全体集会……。このホールでの、そういった大事な集いの折々に、このまなざしを感じ取って背筋を伸ばした。

このまなざしは、問いかけてくる。この学校が、何のために、誰のために、こうしてこの地に存在しているのか。

学校有機体の第1・七年期

二〇〇八年、生きた有機体としての成長を続けてきた京田辺シュタイナー学校は、誕生して丸七年となった。ちょうど第1・七年期④を終えたところだ。

この春から一二学年すべてがそろい、二三十余名の溢れんばかりの子どもたちが、校舎に用意された一二クラスの教室にきっちり収まった。あたかも、誕生のときに天から地上に受肉した魂が、最初の七年期のあいだ、ときにはもがくように探りながら、やっと自分の身体を我がものにしていくように。

無我夢中の夢の中だったのだと思う。しっかりと強い意志に根ざしながらも、物質的・経済的基盤を整えていくには、かなりの無理も強いられて余裕などなかった。

意志、それは、何かに夢中になれる力。夢見るような意識のまま、泣いたり笑ったり怒ったり。世界と一体、というか、世界と未分化。自分の世界がすべて。自分の外に出て、世界の方から客観的に自分を見ることができない。日々、何をしてもすべて初めての体験の中、目の前の一つひとつのことに必死で応対して、それを血肉とするのに精一杯。

第1・七年期は、身体と感情も未分化。七歳までの子どもは、お人形を見て、それが悲しんだり喜んだりしているのを感じることができる。アニミズムのように、自分の思い入れを他者に投影して、自分と同じように見たり感じたりしているものと思い込む。同じであれば、快を感じ、違えば、不快を感じる。ごっこ遊びに夢中になれる力は、このような思い入れや思い込みの力と結びついている。それは、この時期にしっかり根を張るべき第1・七年期的な意志の力でもある。

シュタイナー教育に思いを入れ込み、何よりもすばらしいものだと思える力。そして、みんな同じように同じものを追い求めている（はずだ）と思い込める力。そういう力が、学校を立ち上げるときの最初の原動力。みんなが一体となって、全体が一丸となって、一つの目標に向けて突き進む。

そうしてようやく、学校のボディ、物質的な校舎や経済の働きが整ってきた。リズムのある生活が、子どもの呼吸や食事と排泄のリズムを整えていくように、学校の授業や年間の行事も繰り返しのリズムができて、安定して落ち着いてきた。

第2・七年期の学校へ

そして、学校有機体の三分節のはたらきが整ってきた。胎児では未分化だった代謝系と循環系と神経系が、身体が成長するにつれてこの三つが分化して、それぞれの役割・機能を自律的に果たしながら連携し合っていく。同様に学校においても、主として教育（精神文化）を担う教師たちと、主として経済・フィジカルな条件を担う親たちの活動と、そしてその間に立って、学校全体の均衡をとりながらルールにしたがって運営していくシステムと、その三本の柱（精神・経

（4） シュタイナーの児童発達論では、〇―七歳を第1・七年期、七―一四歳を第2・七年期、一四―二一歳を第3・七年期と呼び、それぞれの年齢段階の身体・意志・感情・思考のあり方の特徴を把握して、学びのカリキュラムをつくる手立てとしている。この点を含め、シュタイナー教育理論の概要を解説した拙稿に、「ホリスティックな教育とその思想――ルドルフ・シュタイナー」山崎英則（編著）『西洋の教育の歴史』ミネルヴァ書房、二〇一〇年がある。

済・法）の分節化した関係が生み出されていく。渾然一体の状態から、少しずつ社会有機体の三分節化が進み、自律したそれぞれの領域を尊重し合うコミュニケーションが成熟してきた。

免疫力も、ついてきた。外気にさらされると、はしか等の感染を心配した時期もあった。けれども、少しずついろいろなことを乗り越えていくことで、ずいぶん世界に開いていくことができるようになった。「九歳の危機」の課題がそうであるように、勇気をもって守られた世界の外へと踏み出し、公共的な開かれた世界との交流や対話に意識的に取り組む用意もできつつあるかもしれない。

未分化だった感情も、第2・七年期には、自分の身体の快・不快やその場の雰囲気に呑み込まれたものではなくなっていく。自分とは違う存在としての他者と向き合いながら、自分の中に生じる共感や反感を自分の感情として意識し、そのような感情が他者の中にも、その他者に固有の感情として生じていることを感じ取れるようになっていく。感情が発達していくということは、感情的になっていくことではない。感情の量が豊かになっていくことではなくて、さまざまな感情の襞《ひだ》を感じ分けていけるようになること。感情の質をデリケートに分化させていけるということだ。

そしてそれは、自分と同じ感情を共有できる身内に安住せずに、その外部の、ときにはすぐに理解し合えないかもしれない他者との対話の中で、育まれていく。学校の共同体の内にとどまらずに、外部の他者からの共感のみならず反感に対しても冷静に賢明に応対できるようになる。そして自分たちの子どもだけではなく、広く社会一般の子どもたちにとっても本校の存在が貢献できるような成熟段階にむけたステージに入っていくのだろう。

あの天窓からの「問いかけ」――この学校は、何のために、誰のために、こうしてここに誕生したのか。今ここにいる子どもたちのためだけではなくて、みんなのもの。すでにこの地上にいる子も、じっと天から見つめている未来の子どもたちも、これから出会うであろうすべての子どもたちのため。この子どもたちが、人類の未来を担っていく。この社会の精神生活を刷新し、未来を創造していくために、この学校がある。

ここで育まれ蓄えられる教育実践の力と精神の力が、やがてすべての子どもたちの学びの場に伝播していく。それを願いつつ、まずは、この学校で学ぶことになった子どもたちと、この小さな種を育ててきた。これからはもっと、関西の（そして、大げさだけど日本中の）みなさんの共有の財産になっていけるように、いろいろなことを分かち合っていきたい。ここまで学校の発達段階として書いてみた課題は、実は自分自身のパーソナルなミッションかもしれないとも思う。

5　語る、その声と言葉の秘密――シュタイナー教育とM・ブーバー

あなたが語るとき、声と言葉の秘密を心しておくがよい。畏れと愛において語れ、そして言葉の世界があなたの口から語っているのだということを思え。そのときあなたは言葉を高めるだろう。

（M・ブーバー[5]）

語りかける、声の出し方

日々の暮らしの中で、親が子どもに声をかけるとき。先生が教室で子どもたちに話しかけるとき。そのときの声の出し方が、その人の心のあり様を映し出す。喜怒哀楽の感情が表れる、というだけでなくて、その人の呼吸の穏やかさや深さ、存在のあり方が、言葉を口にする声の、その奥行きの中に表れる。こわいことでもある。話す内容よりも、自分では意識していない語り方のほうが、本質的なことを伝えたりするのだから。

あるシュタイナー学校に、見学をしにきた訪問団があった。ホールに集って、学校の担任の先生たちが順々に自己紹介をした。そのあと挨拶に立った訪問団の代表の方が、「今の先生たちの自己紹介のときの声が、そろってみんな、なんと静かで穏やかな響きだったことだろう」と感想

を述べられた。「それだけで、この学校が何を大事にしているか、伝わったように思います」と。大事にしている何か。大事なことほど、その内容は、なかなか言葉では語りえない。むしろこうした語り方、その声の響きを通してこそ、直裁に伝わっていく。

筆者も、はじめてシュタイナー学校を訪問したとき（一九九六年、ニューヨーク）、同じことを感じた。朝のエポック授業（小学二年生）を参観させてもらったのだが、その始まりの一〇分間で、こんな世界がありえるのだと心を打たれた。

朝の挨拶。チャイムが鳴って「起立！　礼！」の号令ではじまるのではない。時間がくると先生は、静かに小さな鉄琴を奏ではじめる。その綺麗な音色に耳を傾けるようにして、朝の語らいでにぎやかだったクラスがしだいに静まり、子どもたちがまっすぐに立つ。いつもの朝の詩を朗誦する。「大きな声で元気よく」ではなく、ゆっくり味わうように。席に着くと、いわゆる「出席取り」なのだが、それが美しい。

鉄琴のシンプルなリフレインに合わせて、先生が歌うようにして名前を呼ぶ。たとえば「マイケル、チャーニー、アー、ユー、ヒアー」と。呼びかけられたその音程とリズムを受け継ぎながら、一人ひとりの子どもが「アイ、アム、ヒアー（私は、ここに、います）」と歌い返す。最後に、

（5）M・ブーバー（著）板倉敏之（訳）『祈りと教え――ハシディズムの道』理想社、一九六六年。なお、ここでのブーバーにかかわる論の詳細は、拙著『ブーバー対話論とホリスティック教育――他者・呼びかけ・応答』勁草書房、二〇〇七年の、とくに第二章を参照されたい。

クラスの子どもたち皆が「ミス、グリーン、アー、ユー、ヒアー」と歌うように呼びかけ、先生は静かに、でもしっかりとうなずきながら、「アイ、アム、ヒアー」と応じて終わる。——あなたたちのために、今日も私は、ここにいるよ。

大げさなようだけれど、一つのひとつの呼びかけと応答、「私は、ここに、います」の声が、互いの存在を確かめ合い、証し合うかのように響いていた。私は、そのやり取りのあいだ、息を呑んでいた。終わってからも、その余韻を抱えたまま、これは生涯忘れないだろう、と思った。

とはいえ、この先生とこの子どもたちにとって、これが日常。異国からはじめてシュタイナー学校を訪れた異邦人にとっては、あまりに非日常であったがための、過剰な思い入れなのかもしれない。でも、当たり前になりすぎては気づけないクオリティに、初体験だからこそ気づけたとも言える。朝、子どもにどのような声で話しかけて、その一日をはじめるか。毎日の繰り返しの中で、子どもたちの中に確実に育っていくもの（と、育ち損ねてしまうもの）があることだろう。

「この学校の先生たちは、怒鳴ったりすることってあるの？」とは、京田辺シュタイナー学校の公開授業のときなど、参加者がよく漏らす感想だ。大きな声で「静かにしなさい！」と怒鳴る、そういう声の張り上げ方が、かえって悪循環を生んで静かにならない、ということがあるかと思う。怒鳴らないまでも、大勢の「みんな」に向かって出す声と、ある誰かに話しかけるときの声は違う。授業でも、クラスのみんなに向けて、というよりも、一人ひとりに語りかけるような声で話す。静かに耳を傾けていてちょうど届いてくるぐらいの声。子どもたちを、こちらに引きこんでくるためには、声量が必要なのではなく、むしろ声の質、もっと聞いていたいと思うような声の感触や肌触りのようなものが大事。子育てや授業の方法・技術において、語りかける声の質がもっと注目されてよいだろう(6)。

冒頭のブーバーの箴言のように、「言葉を高める」語り方と「言葉を貶《おとし》める」語り方があるのだろう。その含蓄を汲み取るために、さらに「生きた言葉」の語り方について考えていく。

話し合うこと、語り合うこと

生きた言葉が永遠の今、人間の間で真に生成すること、それがロゴスの意味するところである。それゆえにこそ、ロゴスは人間にとって共同的なのである。生きた言葉の中に、意味が絶えず新たに入って生成するという事柄は、人間としての人間に固有な事柄である。(ブーバー(7))

---

(6)　シュタイナー学校の教員養成課程では、一般に、「演劇」や「言葉のオイリュトミー」、さらには「言語造型」という語り方、声の出し方の講座が組み込まれている。

(7)　M・ブーバー（著）稲葉稔ほか（訳）「共同的なるものに従うこと」『著作集４　哲学的人間学』みすず書房、一九六九年。

「言う」「話す」「語る」「述べる」「しゃべる」といった動詞には、「思いを口に出して言葉で表現する」という共通の意味があるが、それぞれニュアンスが違う。その違いにこだわってみることで、自分の口にする言葉や、言葉を伝える相手との向き合い方のデリケートな差異がわかってくる。まず、「話す」と「語る」の分別。

たとえば、友達と朝まで「語り明かした」という表現はあるが、「話し明かした」とは言わないだろう。逆に、何かを決める必要に迫られたとき、「話し合ってください」と言うが、「語り合ってください」とは言わない。「語り合う」と「話し合う」は、似ているが同じではない。

「話し合う」ときには、何か解決すべき問題があって、それについて結論を出すことを求められている。正しい答えを出すという着地点をめざして、意見を出し合う。自分の親しい友人が問題となっている場合でも、その人についての自分の主観的な思い入れから距離をとって、あえて第三者的に話すことも必要となる。

「語り合う」ときには、逆に主観的な思いを大事にする。それぞれが自分の考えを、相手に向かって、主観を交えて語り合う。その「語らい」が、どこに向かうか、いつ終わることになるか、着地点は予測できない。時間の制約が厳しいときには、語り合うというモードに入るのは難しい。語り合っている間には、思いがけない展開やいろいろな寄り道が生まれる。一つの「正答」に収斂していくより、次々と「問いかけ」が生まれ、問いが深まっていく。語り合いでは、結果よりもむしろ、そのプロセスに意味があるのだ。

「話し合い」は「結論」や「合意」を得ようとする営みだが、「語り合い」でも、そのプロセスの結果、得られるものがある。語り合った結果、相手の考えや思いについて、お互いに理解が進む。あるいは、相手を理解していると思っていたけれど、じつは全く理解できていなかったことに気づく。自分で気づいていなかった自身の考えに、別の仕方で向き合うことになる。理解し合えない点を確かめ合うことで、逆にやっと理解し合えたと感じるようなこともあるだろう。

そこに、「生きた言葉」がライブに生まれるとブーバーは言う。語り合う相手との間で、「生きた言葉の中に、意味がたえず新たに入って生成する」といった事柄が生じる。このような「語り合い」は、「議論」や「討議」よりも、「対話」や「熟議」に近いものだ。

語る手前で、聴きとる言葉

私がその時々に言わねばならないことは、そのとき私の中で、まさに語られることを待ち望む性格となっている。……口数の少ない人は、時として特に重要でありえる。だが各人は、対話のプロセスの中で、彼がまさに言わなければならぬことを言う時が来たときに、それを回避しない決意をもっているべきである。真の対話を人は前もって起草できない。（ブーバー）(8)

（8）Ｍ・ブーバー（著）佐藤令子（訳）「人間の間柄の諸要素」『著作集２　対話的原理Ⅱ』みすず書房、一九六八年。

では、このように誰かと語り合うためには、語りはじめる手前で、どんなことに留意すべきか。あらかじめ話すべき内容を起草して、原稿を読み上げるような仕方ではうまくいかない。それは「述べる」に近い。「述べる」は、書き言葉で表現するときにも使える。あるいは、出来合いの流布したストーリーを繰り返したり、自分のストーリーを話して自己満足するのは、「しゃべる」。誰かと「おしゃべり」して相槌を打ち合っている場合、それは「独白の交換」であって、「対話」的な語り合いにはならない。おしゃべりが止まるとき、はじめて語ることができる。

冗舌なおしゃべりが止んで、しばし沈黙が訪れるとき、聴くことができ、語りはじめることができる。話し慣れた手持ちの言葉ではなく、いったん言葉を失って、今ここで語られるべき新しい言葉を探す。なかなか言葉にならない思いに耳を傾ける。私の中の、あるいは、あなたの中の思いに耳をすませて、手探りで言葉に形を与えていく。語ることの手前に、聴きとることがある。

生きているということは、語りかけられているということであり、我々にとって必要なのは、ただそれに向かい合って、それを聴くということである。(ブーバー[9])

耳をすませば、いつも私たちは呼びかけられ、語りかけられている、とブーバーは言う。自分の心の内奥からの呼びかけであるかもしれないし、目の前の他者からの語りかけかもしれない。その呼びかけを聴きとって、応答する言葉を選びとり、声にのせて語ること。語るべき言葉は、今とここを離れたどこかで、あらかじめ準備できない。その都度の現在において、「いま自らを表現して語られることを待ち望む性格となった言葉」に耳を傾け、それを丁寧に言の葉に乗せて語ってみる。そのとき、「生きた言葉」が人間の間に生成する。ブーバーに言わせれば、この生きた言葉が実現するのが「真の対話」であり、あるいは「人間としての人間に固有な事柄」としての「ロゴス」（先の引用では「言葉の世界」）の実現なのだ。

このように言うと、何か日常的な会話からは程遠い事柄のようにも思われるかもしれない。でも、日々の会話の中で、自分と相手とのあいだにどんな言葉が生まれてくるか、それに耳を傾けながら語る、そういう語り方を意識しておくことはできる。刻々と変化していくライブなその時その場で、語るべきことを語る。何を話すか、あらかじめ脚本にしたストーリーを話すのではなくて。友達と語り合っているとき、子どもに物語を語り聞かせるとき、あるいは授業で生徒たちに話すときにも、こういうライブな語り方が生き生きとした言葉を生み出すことがある。

教科書ではなく、先生の語りで——一期一会のライブな語り

ここでもまた、シュタイナー学校の日々の授業が、こうした「生きた言葉」を大事にするものであることに気づく。教科書のページを開きながら授業をするのではなく、シュタイナー学校の

（9） M・ブーバー（著）田口義弘（訳）「対話」『著作集1 対話的原理Ⅰ』みすず書房、一九六七年。

メインの授業（エポック授業）では、先生の「語り」が中心となる。教科書や物語を「読む」のではなく、すべて授業の中心的な題材は（とくに低学年から中学年のあいだは、ほとんどすべて）、先生が自分の中にその内容をいったん落とし込み、子どもたちに向かって、それを自分なりの言葉で語りかけるように語る。「死んだ概念」ではなくて、「生きた言葉」が、そこに生まれてくる。先生にとっても一回きりの、繰り返しのきかない生きた語りとなる。

教科書に記述してあることを、先生が伝え述べる授業であれば、たとえ聞き逃しても、教科書を読み直して学ぶことができる。でも、シュタイナー学校の授業で語られる言葉は、まったく一回きりの、一期一会のライブ。シュタイナー学校では、保護者であっても、学校行事のビデオ撮りを控える。音楽を聴くのも、録音されたCDなどの再生ではなく、生演奏にこだわる。今ここで生きられている時空を、繰り返し観たり聴いたりできるようなものとして扱うことを避けようとするからだ。その時その場で生まれてくるライブな言葉は、事前に用意することも、事後に再生することも不可能な、その瞬間にだけ生命をもつ言葉。だから子どもたちも、大切に先生の語りに耳を傾ける。聴きながら、そこで語られる言葉を共有し、その言葉が生み出す世界の中に、イメージやファンタジーを湧かせながら入り込んでいく。子どもたちの聴く力と先生の語る力とが呼応して、生きた言葉の世界が教室の時空の中に出現する。

幼少年期のテレビ視聴は、シュタイナー教育では望ましくないものとされる。極端に偏った考え方に思える向きもあろうが、ここまで述べてきたことから、その理由の一端がわかるかと思う。

つまり、生きた言葉をその都度、目の前にいる子どもたちに向かって語ることを大切にしているからに他ならない。テレビを見ている子どもへ向けて発せられる言葉は、顔の見えない不特定多数の視聴者へ向けて、子どもが生きているこちら側とは空気も時間も共有していない遠いスタジオから発信されるものだ。聞き手のその時々の聞き方に応じて、語り方を変えたり言葉を選んだりしてくれるわけではない。余所《よそ》見をしていても、無関係なおしゃべりをはじめても、テレビの中の人は、こちらへ向けて語り続ける。また、画面の向こうからいくら語りかけられても、こちらからテレビに向かって語り返すことはない。「語り合い」が生まれる可能性が、シャットアウトされている。まだ人間の声や言葉に接しはじめたばかりの幼少期から、テレビに話しかけられて育つことが、子どもたちの成長にどんな影響を与えるだろうか。語りかける力、耳を傾ける力、語り合う力に、生きた言葉へのセンスに、いかほどの影響を与えるのだろうか。

語り聞かせ、語り継ぎ、語り直す

テレビやラジオ、そして絵本さえもなかった頃——それほど遠い昔ではないが——、子どもたちはきっと、たとえばおばあちゃんが語って聞かせてくれる昔話・民話を楽しんだことだろう。語り部としてのおばあちゃんは、聞いてくれる幼な子がいるからこそ語る。お話をねだり、面白そうに聞いてくれる子どもの表情を見ながら、語り継がれてきた基本のストーリー展開を、当意即妙にアレンジしながら語り聞かせる。そして、まさに千夜一夜物語のように、語り継ぎ、語り直しているうちに、オリジナルな新しいストーリーが生まれてくることもあるだろう。

「(即興の) 語り聞かせ」と「(絵本の) 読み聞かせ」。絵本であれば、文字を追いながら読んでいくので、読み手と聞き手がつくるその場で一回切りのストーリーが即興で生まれることはない。そこが「語り聞かせ」と違うところ。もう一つの違いは、登場人物や場面を、語り聞かせの場合は、自分のオリジナルなイメージの中で思い浮かべながら聞くが、絵本の場合は、挿絵が与えるイメージを、自分がイメージする前に受け取ってしまうという点にもあるだろう (それでもテレビよりは、自分自身で能動的にイメージを創りだす余地はあるはずだが)。

最後に、こうした「語り聞かせ」のもつ力を実感した体験を紹介させてほしい。かつて我が家の子どもの兄が六歳、妹が三歳で、そこへ赤ちゃん (弟) が誕生した頃のこと。母 (妻) は赤ちゃんにかかりっきりで、夜寝るときは父 (筆者) が兄と妹を寝かしつけていた。

最初の頃は、図書館で借りてくる絵本を読み聞かせていた。あるときから、電灯を消しても「お話して」とねだられ、覚えていそうな昔話を思い出しながら語った。覚束ないところは、適当にアレンジして。この、アレンジしながらの語り聞かせが面白かった。暗闇の中で、父の左右両側に寝ている幼な子二人が、宙をみつめながら物語の世界に入り込んでいる気配が、とても濃密でリアルだった。それに、そうやって耳を傾けられると、けっこう新たなストーリーが浮かんでくる。こうして、昔話の持ちネタが尽きたときには、子どもにせがまれるまま、オリジナルの物語を語り聞かせるチャレンジがはじまった。

数か月も続いた創作ストーリーのタイトルは、「すいすいスイスの水兵さん」。語呂のリズムがよく、子どももお気に入り。電灯を消して布団に入ると、兄と妹はまず、「すいすい、すいすの、すいへいさん」と、繰り返し呪文のように唱える。「お話の王様」というのがいて、この呪文を唱えると、その王様が夜ごとに父のもとへお話を運んでくれるのだという。子ども二人の間に入って一緒に眼を閉じていると、不思議とお話が届くもので……。スイス出身の水兵さんが、日本の三人の子どもたちと一緒に「せんせん世界の船長さん」の船に乗って世界中の海を旅し、その間にいろいろな出来事が起きる冒険もの。

ときどき兄妹は、「つぎはきっとこうなるのよ」とか、「その子の名前はきっと……」とか、「シー！　あまりしゃべるとお話が逃げていく！」とか言って、お話に入り込んでくる。そのストーリーを話せばきりがないが、挿話の一つはたとえば、――水兵さんが北極星を見ているあいだに流れ星に乗って降りてきた、キツネ豚のかっこうをした宇宙人の子ども二人との交流。子どもといっても一二五才と一七六才なのだが、その顔や服装を兄妹はリアルにイメージしていて、クレヨンで描いてくれた。会いに行くには二つのルートがあって、夢を通して会いに行くルートと現実に会いに行けるルート。現実ルートで会えるのは、スイスの水兵さんと日本の子どもだけ。あとの人たちは夢ルートで行くので……という設定。

夜な夜な、夢と現実が交錯する世界を往還するストーリーには、語っている自分がいったいどう展開するのか、ハラハラ・ドキドキしたものだ。もはや自分が創作している、という意識がなくなり、次々降りてくる言葉を口に出しているだけ。両脇で固唾を呑んで聞き入っている二人の子が、ほとんど同じイメージをリアルに共有しているのを感じつつ。

閑話休題。冒頭のブーバーの箴言に戻ろう。

「言葉の世界」は、この小さな私の自我よりも、ずっと大きいこと。言葉は私が所有できるようなものではなく、言葉の中に人間が住んでいること。語るべき言葉は、それを聞く耳をもっていれば、きっといつも届けられること。それを大切にして、愛と畏れをもって語ること。語り継いでいくこと。あるいは、いつも新たに語り直していくこと。

古来より人類は、語り継がれる昔話や神話をもっていた。いま喪いつつあるその物語を、一人ひとりが語り部となって、自らの声で語り直していくときが来ているのかもしれない。

人間の歴史は、ブレーキのないまま、ゴールの見えない霧の中を走り続けている。だが、もし人間がこれからも存在し続けてゆこうとするのなら、もう一度、そして命がけで、ぼくたちの神話をつくらなければならないときが来るかもしれない。（星野道夫[10]）

(10) 星野道夫『旅をする木』文藝春秋、一九九五年。この星野の物語の語り直しについて、さらには、拙稿「語り直す力——星野道夫の物語に呼応して」宮本久雄・金泰昌（編）『シリーズ物語論3 彼方からの声』東京大学出版会、二〇〇七年、を参照。

コラム④ ヘッペンハイムの「ブーバーの家」——対立する宗教間の対話の拠点

マルティン・ブーバーがナチズムの時代に住んでいたドイツの居宅が、今は「ブーバーの家」と呼ばれ、宗教間対話のセンターになっていると耳にした。由緒ある大学と古城で知られるハイデルベルクから各駅停車で三〇分余り。ライン川沿いの丘陵を背にした小さな町、ヘッペンハイム。たずねてみた。

ブーバー（一八七八—一九六五年、ウィーン出生）は、一九一六年から三八年まで、年齢でいえば三八歳から六〇歳までの重要な時期を、この地で過ごした。それまでの研究と思索を主著『我と汝』に結実させたのが一九二三年。この本は第一次世界大戦後のヨーロッパの思想界に影響を与えた。同時期、「自由ユダヤ学園」等での教育活動にも積極的に携わった。

そしてナチスが強権を握ったのが三三年。ブーバーはユダヤ人である。彼の思想が試され、鍛えられた。妨害と強迫の中で、ブーバーは「ユダヤ成人教育センター」の指導を引き受け、ナチズムに対する精神的抵抗の支柱として活動する。大規模な暴動迫害が起きたクリスタル・ナハトの年、三八年まで、この地に踏みとどまり続けた。

彼のレジスタンス（抵抗）の仕方は、精神的対話的なものだった。ナチスに対する批判だけではなく、自らを含めたユダヤ人に自省を求め、ユダヤの民族性を吟味しながら、ぎりぎりまで他のドイツ人との対話を重ねた。ここヘッペンハイムのブーバーの家が、その対話の舞台。ドイツの各地から、宗派を問わず、助言と励ましを求めて多くの人が訪ねてきたという。

そして現在、この「ブーバーの家」は、単なる記念博物館ではなく、ブーバーの遺志を受け継いで活動する国際機構ＩＣＣＪ（The International Council of Christians and Jews）の本部事務所として活かされていた。この国際ＮＧＯは世界一八か国に支部をもち、定期的に国際会議を開きながら、ユダヤ教とキリスト教をはじめ、対立する宗教間民族間の差別的偏見を克服するための教育や研究を行っている。

ＩＣＣＪのパンフレットによれば、その活動の一つに、「ヘッペンハイムのブーバーの家を、出会いの場として発展させること」というのがある。「キリスト教信者やユダヤ教信者又その他の異なった伝統や文化的背景をもつ全てのグループが出会い、お互いのことを学び合う場になっていくように望んでいる。図書室や資料センター、そして定期的に開かれる講演会や展示会は、この目的のためにある。訪問者はいつでも心から歓迎される。」

そして実際、突然の訪問にもかかわらず、この言葉どおりの歓迎を受け、予定を変更して長時間滞在した。アットホームな雰囲気の中で、ゆっくりと自由に部屋を使わせていただき、研究資料のコピー等のサービスも得た。スタッフは、まだ支部のない日本の状況に関心を寄せ、今後の交流を望んでいた。

思えば、晩年のブーバーは、亡命先のイスラエルでアラブとユダヤの共存のために尽力した。「ブーバーの家」から私たちが学ぶべきことが、まだまだありそうに思う。

＊（追記）二〇一八年現在も、「ブーバーの家」とＩＣＣＪは健在である。ＨＰによれば、傘下の支部は四〇か国に拡大し、「近年ますます、ＩＣＣＪとそのメンバーは、アラブとの対話――ユダヤ教徒とキリスト教徒とイスラム教徒の間の出会いのために尽力している」と記されている。

〈初出文献〉
「海外研修報告――ヘッペンハイムの「ブーバーの家」」『美作女子大学学報』一九九〇年。

6　物語と出会いと対話――言葉を失う沈黙の深みから

〈汝〉への沈黙、まったく言葉を失ってしまう沈黙、言葉が分節され形を与えられて声になる以前の、ひたすらに待ち望む沈黙こそが、〈汝〉を自由にする。（M・ブーバー[11]）

星座が見せるものと隠すもの

ある原生林でキャンプをしていた夜のこと。湖畔に寝転がって、星降る夜空を見上げていた。これほど多くの星を、四十年近く生きてきて見たことがなかった。

ひと息ついて、傍らにいる八歳の子どもに星座を教えようと説明をはじめた。指さしながら、あれが天の川、あれが真北を示す北極星、あそこに七つの星が柄杓《ひしゃく》のように並んでいる……。

返事がないことに気づいて、向き直って子どもの顔をよく見た。眼をぱっくりと見開いたまま、身じろぎ一つしない。口を半開きにして、息を呑んでいる。ただひたすらに、降り注ぐ星に我を忘れ、無我夢中。私の説明など、耳に入らない。

その気配に圧倒されて、こちらも言葉を失う。黙ってもう一度夜空を見上げる。ほどなくして、

(11)　M・ブーバー（著）植田重雄（訳）『我と汝・対話』岩波書店、一九七九年。

星空がこちらの方に向かって下りてきた。あるいは、我が身が宙に浮かび上がっていく……。

息を呑むような星空に魅入られるとき、そこに星座は、まだ／すでに、ない。

星空の中に我を忘れて入り込んでいく。宇宙の中に溶け込んでいく。そのとき、見ている我と見られている星々の間に境界がない。私と星空は、一つの全体の中に溶解している。

星座を見ようと意識しはじめると、星空が、それを見ている私から離れていき、私の向こう側の遠くに、見られる対象として広がる。見ている私はこちら側に、見られている星々は向こう側に、距離をとって、別々に存在する。

そのようにしてはじめて、名前のついた星々を識別し、星々の群れに区切りを入れ、星座の形を見分けていくことができる。特定の星々だけを取り出して、柄杓や熊のようなものとして見立て、そこにコスモロジカルな物語を編み出す。

星々を意味づけ秩序づけた星座の物語。それを子どもに教えることとは、本当にはどんな意味をもつのだろうか。それを大人は、今ここで出会う子どもに、どのように語りえるのだろうか。

星座を知ることで、見えてくるものと見えなくなるもの。星座を通して意味づけられた星空とのつながり。星座によって区切りを入れられる前の、星空そのものとの溶解してしまうような出会い。その出会いの瞬間の、言葉を失う沈黙の泉から、もう一度あらたに星々の物語を語りはじめ、編み直し、分かち合っていくこと。こういったことを、ここでは問うてみたい。

三重の世界／星座の物語の以前と以後

夜空の星々への、私たちのかかわり方には三通りある。三つの現実のつかみ方、そこに三通りの世界が成立する。

第一は、星々の運行を観察記述し、そこにある法則性や因果関係を解明する客観的世界。事実の世界。

第二は、星座群とその意味を解釈し、宇宙とその中での人間を意味づけた物語的世界。意味の世界。

第三は、星空の中に我を忘れ、世界全体との境界が融合して一つになるような溶解的世界。生成の世界。

一つめの「客観的世界」は、とくにコペルニクス的転回以降の近代自然科学の、主観と客観を分離する認識図式によって解明される世界。日常の主観的な意識が「大地は動いていない」と認識したとしても、客観的な天体観測は「それでも地球は回っている」ことを証明した。個々人の主観的な思い入れによって左右されない、主観的な意味づけから独立した、客観的な法則に従う事実の世界。

この世界から得られる知識は、ある目的をもって世界にはたらきかける人間にとって、役に立つ。農業を営むうえで、航海をするうえで、天文学的知識や気象学は目的合理的に有用である。

また、この事実世界において客観視された自然あるいは他者は、「価値的に中立」、つまり「それ自体は無意味」なものとして見なされるから、それを道具視して手段化することに、倫理的な問題は生じない。主観‐客観の二元論が、精神‐物質、目的‐手段の二元論と結びつき、脱精神化、物象化を介して、徹底的に目的合理的な有用性の世界が成立していく。

二つめの「物語的世界」は、意味づけられた世界である。ある共同体に属する人々が共有する、筋立てられたまとまりのある意味が与えられた世界。たとえば古代中国の天文学も、天地万象の成り立ちを物語る陰陽五行説と結びついて、北極星を宇宙の統治者、北斗七星をその統治者が巡回統治するための御車として見立てた。また東・西・南・北の方位も色づけられ、木・火・土・金・水など世界の万象が濃密に意味づけられた壮大なコスモロジーをもっていた。

このような物語（神話）によって、それを共有する人々は、この宇宙における人間の地位を知り、あるいは自己の生と死の意味や目的を与えられていた。自分がどこから来て、どこに行くのか、自分はどこにいる何者であるか。それを自分に語って聞かせる物語が「アイデンティティ」だとすれば、この物語世界が確固としてあるかぎり、アイデンティティもまたゆらがない。

教育内容は神話ではなく客観的な科学的事実であるべきだ、との、戦前への反省を踏まえればそれ自体はもっともな主張にしたがって、学校教育は主に第一の世界に限定されてきた。当時はまだ、進歩・発達や人間性などをめぐる近代啓蒙の物語が力をもっていた。しかし、それらの大きな物語がゆらぎ、意味を漂白した平板な事実の世界だけが広がるとき、人は、とくに若者たちは、希薄になった生の意味を求めて、自分探し、アイデンティティの探求を迫られる。

アイデンティティと共同性を支えるもの

ともに生きる人々を結びつけるもの（＝共同性の原基）を、ギリギリのところで何に求めるか。「大きな物語」がゆらぐとき、それを共有することで意味づけられ支えられてきた共同性は、弱体化していく。それを嘆かわしい事態だと評価すれば、いきおい、議論は「大きな物語の復権」へと傾く。たしかにこれまで、「愛国神話」であったり、「科学進歩＝幸福増大」の物語であったり、「学歴神話」であったりする物語が、人々の人生を意味づけ、共通の目標を与え、教育を方向づけてきた。

その衰退は、共有できる意味と方向の喪失感を与える。自己を意味づける物語が希薄になり、アイデンティティが拡散し浮遊する。そして、「自分探し」。それを、「私事化の行き過ぎ」としてとらえる向きもあるだろう。

しかし、だからといって「公《おおやけ》の物語」（例、「国家の正史」）を再興しようというのは、短絡的にすぎる。そこで、「滅私奉公」でも「滅公奉私」でもない第三の「公共性」を探求する公共哲学が求められる。

では、「私的つぶやき」でも「公認の物語」でもない「公共的な物語」とは、どのような物語だろう。あるいは、どのように物語られるものなのだろう。そこに、どのような共同性が、立ちあがってくるのだろう。

このような関心があったので、「物語と公共性」を探求する京都フォーラムのテーマ、とくに

「他者との出会い」をめぐる論題は、とても興味深いものだった。いつもながら学際的で濃密だった議論に触発され、ブーバー哲学を参照しつつ私なりに考えてきたことを記しておきたい。

それは、「物語」と「出会い」と「対話」の三題話。

人間は、物語なしでは生きることはできない。「物語」という枠組みがあることによって、それがなければ意味の連関を見出し難い事象の中に、私たちは意味を読みとることができる。ある物語が人々のあいだで共有されているかぎり、物語を通して秩序づけられた世界の中に住まうことができる。しかし、他方で人間は、自らの物語の閉じた世界の中だけで生きることはできず、出会いを必要とする。

出会いとは、（自らの世界から）出て（その外部の他者に）会うことだ。出会いは、慣れ親しんだ物語をゆさぶり、亀裂を入れ、切開する。その瞬間、生々しい剝き出しの現実が開示される。出会いとは、既存の物語がついに破れ、物語が覆い隠してきた生きた現実との直接的でリアルな接触を取り戻すことのできる瞬間である。そこに、瑞々しい生の躍動が蘇る。同時にそれは、人が容易に耐えることのできない危うさを併せもつ。その瞬間は再び、一つの出来事として、筋書きのある物語の中にまとめ上げられる。人間は、「物語」を介した「秩序づけられた現実」と、「出会い」が開示する「躍動する生の現実」の、二重の現実を生きる存在なのである。

さて重要なのは、「共同の物語」の内側では「出会い」は生まれない、ということ。出会いはいつも、異質な他者との出会いである。同じ物語を共有している人ではなく、新奇な異なる物語を生きる他者と向き合うとき、既存の物語の内にとどまるかぎりは理解できない世界とぶつかる。その他者を、自己の物語に引き込み同化させてしまうのではなく、その他者の異他性と正面からぶつかり合うとき、出会いが生じる。そのときはじめて、自己の物語のフィルターを通さずに、他者そのものに出くわし、それを契機に自己が変容するような出会いとなる。

不断に語り直される物語

自己が変わることを引き受けながら、つまり、慣れ親しんだ物語を語り直すことを引き受けながら、異なる物語をもつ他者と出会うとき、そこに、強い意味での対話が生まれる。慣れ親しんだ物語がきしみ、破れ、語り慣れた言葉を失うところから、今ここで、はじめて語られようとするかすかな言葉に耳を傾け、それに応答すること。それを聴き取り、声にして贈り、応答し、語り交わし、つまり、対話すること。言葉を失う沈黙の中から、新たに言葉を紡いで語りはじめようとする二人が向き合うところにのみ、応答的な対話が生まれる。

人生の意味は、すでに意味づけられた世界としての「物語」の中ではなく、むしろ自他の物語を超え出ていく「対話」において、そこで不断に語り直される言葉の中に生成する。人生と共同性が、物語によって意味づけられるのではなく、生きた対話において、意味の内に満たされるのだ。

この「不断の語り直される物語」について、慣れ親しんだ既存の物語を「定着した物語」、出

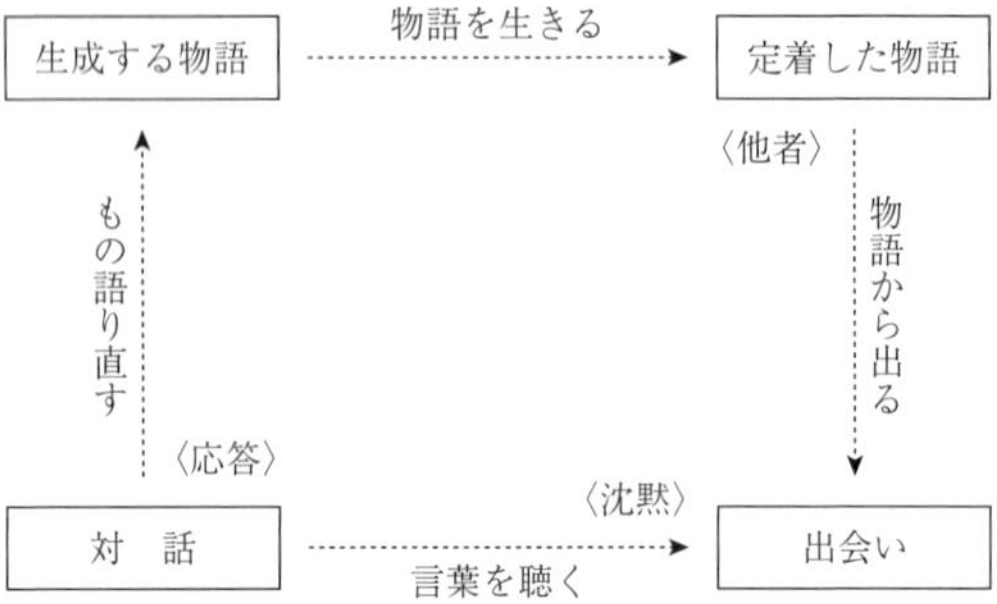

図1　不断に語り直される物語

会いと対話を通して語り直されることで新たに生まれてくる物語を「生成する物語」と呼ぶとき、その語り直しの循環プロセスを、〈図1〉のように図示することができよう。

こうして、「公共的な共同性」は、「物語」によってではなく、「他者との出会いと対話」によって支えられる。先の問いに、このように答えてみたい。閉じた物語による共同性を外部に開き（公共性とは開放性でもある）、異なる物語を生きる他者と出会い、傾聴し、応答する。そのような応答的対話を通した、「不断に語り直される物語」こそが、かろうじて現代の共同性とアイデンティティを支えるのではないか。「大きな物語の終焉」をめぐる現代の思潮が、（ニヒルな意味の相対主義を招き入れる）脱構築論的ポストモダニズムの以後を課題にするに至って、それは、物語の脱構築と再構築のあいだの、ギリギリの選択である。

コラム⑤ 怒りを伝え、聴きとる対話の回路——テロとの戦争の時局の中で

行き場のない怒りと憎悪

この世界に、どれだけ「行き場のない憎悪」が渦巻いているか。意図するとしないとにかかわらず、それに自分がどれだけ荷担しているか。日々の生活でも、自分にとって耳が痛いこと、都合の悪いことには耳をふさいでしまうことが、どれほどあるか。そのことに気づくことが、いかに難しく、また大切か。それを九・一一のテロ事件と米国政府の反応から思い知ることになった。彼の国がどうのこうのというより、自国の、自分の問題が、そこに映し出されている。

自分を良しとして認め、受け入れてくれる仲間が大切なのは言うまでもない。けれども、それが、自分の耳に心地よい言葉ばかりを掛け合う仲良しグループになってしまうと、その外部の人には、どんなひどいことでもできてしまう。テロのグループにも、「正義の報復」に向かうグループにも当てはまることだ。自分たちのしてきたこと、していることが、「私たち」の外側の他者に、どれほどの苦痛を与えているか、それが自分の耳に入ってこない状況というのは、とても危うい状況にちがいない。

そして、ホリスティックな教育にとって大切だと思うのは、怒りや憎悪を前にして「愛と寛容」や「喜びと調和」を説いても、それは現実に届かないということ、そのずっと手前でしなければならないことがあるということだ。

闇と光、陰と陽、怒りと感謝、憎しみと愛……。人間は、その一方だけで生きているのではなく、その両極の生み出すダイナミックな全体性を生きている。その意味でホリスティックな存在。だれも、光だけでキレイには生きられ

ない。みながもっている人間の闇の部分、怒りや憎悪や暴力性と、どう向き合い、抑圧することなくそれをどう生きるか。怒りや憎悪を組み込んだつながりを、どうつくっていくか。

憎悪を悲しみに変える対話を

犯罪被害者へのケア心理学にヒントとなるような知見がある。行き場のない怒りは、自分の無力感に姿を変え、自己を蝕んでいく。被害者は、怒りを加害者に伝え、加害者がそれを認めて痛みを感じたとき、はじめて憎悪を悲しみに変えることができる。そして、その悲しみを両者が分かちもつとき、和解とともに深められたつながりが生まれる。

言い換えれば、もし被害者が怒りをきちんと加害者に届ける機会を（殺されてしまうなどして）失ってしまうなら、それは被害者にとって、救われないことになる。両者のあいだで悲しみを共有して、新たな関係性を創り出す対話の機会が失われるからだ（だから、テロ問題でも仲介者が入って、国際法廷で被害者と加害者がぶつかりあう「〈殺傷〉ではなく〈裁き〉」を求める運動が大事だ）。

「怒り」をぶつけられて、はじめてわかる「痛み」がある。「怒り」は、怒りの相手にしっかり伝えていい。

「怒り」をぶつけられた人は、それを受けとめる。そこからはじめて、憎悪と復讐の悪循環が、哀しみを共有したつながりへと深められる。そのための、「怒り」を適切に伝え受けとめる対話の回路を、いかにして育てていくか。

虐待やいじめやキレる若者の暴力など、子どもをめぐる教育の情況も含めて、いま世界で起きていることは、この容易でない回路を創り出していく産みの苦しみのように思えてならない。

〈初出文献〉
「怒りを伝え、聴きとる対話の回路」『ピースフルな子どもたち――戦争・暴力・いじめを越えて』せせらぎ出版、二〇〇四年。

初出一覧

第1節　「魂のこもった空間――シュタイナー学校の教室づくり」『季刊ホリスティック教育』第一四号、日本ホリスティック教育協会、一九九九年。
第2節　「京田辺からの風　第四回」『めたもるふぉーぜ／アントロポゾフィー（人智学）とであう情報・交流誌』No.一六五、二〇〇八年七月。
第3節　「暴走する快速電車から降りて――ゆっくりじっくりスローな学び」『子どもたちの幸せな未来』ほんの木、二〇〇五年六月。
第4節　「京田辺からの風　第三回」『めたもるふぉーぜ／アントロポゾフィー（人智学）とであう情報・交流誌』No.一六四、二〇〇八年六月。
第5節　「語る――その声と言葉の秘密」日本ホリスティック教育協会、今井重孝ほか（編著）『ホリスティックに生きる――目に見えるものと見えないもの』せせらぎ出版、二〇〇一年。
第6節　「沈黙が語る言葉――出会いと対話と物語」矢野智司・鳶野克己（編）『物語の臨界――「物語ること」の教育学』世織書房、二〇〇三年。
「言葉を失い、再び語り始めるとき――出会いが切り裂く物語と対話的公共性」『公共哲学ニュース（ニュースレター）』京都フォーラム、二〇〇三年。

第3章　【二〇一〇年代】オルタナティブな学びと公共世界の対話

――ユネスコ、多様な学び、ＥＳＤ

第3章は、二〇一〇年代、身近な仲間と創りあげてきたシュタイナー学校を、より公共的な社会に接続し、開かれた意義をもつものにしていくステージでの論考を収録している。それは、大きく言えば二つの側面をもつ。一つは、国連・ユネスコが主導する持続可能な社会形成の一翼を担う先進的な教育としての認知である。このままでは地球・世界は持続不可能であることを深刻に受け止めた国際社会は、二〇〇五―一四年を、「国連ESD（持続可能な開発のための教育）の一〇年」と定め、しだいに日本でもユネスコスクール運動が活性化するが、この潮流は、ホリスティック教育やシュタイナー学校と親和性が高い。もう一つは国内で、一〇年代に機運が高まった、フリースクールやオルタナティブスクールや夜間中学校など、多様な学び場を保障する法制度の実現に向けた貢献である。最大規模の生徒をかかえるNPO立のシュタイナー学校の存在が、二〇一七年に施行されるに至った「教育機会確保法」の成立プロセスの中でどのような役割を果たし、今後どのような展望を持ちうるか、いくつかのレポートを収録した。オルタナティブ教育運動の三〇年前を振り返れば、まさに夢物語であったことが、少しずつでも現実のものとなってきている。

1　ＮＰＯ立シュタイナー学校の「ユネスコスクール」認定
――その意義と展望

学校一〇周年とユネスコスクール認定を祝して

私たちは、自分自身で心を決めて、この京田辺の地にあるシュタイナー学校に参加しました。誰に命じられたのでもなく、まわりのみんながそうするからという理由でもなくて、そうすべきだという自らの意志・衝動（インパルス）に基づいて。その個的な意志が、深いところで時代の大きな意志に結びついていることを確かめられると、勇気づけられます。日本の片隅に姿を現したこの学校が、さらに一〇年、二〇年、三〇年と成長を続けていくために必要なもの。それは、この学校の意志が、人類の普遍的な時代精神にしっかりと根ざし続けることでしょう。ユネスコスクールとしての認定は、そのような時代のインパルスと本校がしっかりと結びついた証しでもあります。この学校に参加しているのは、我が子の教育のためだけではなく、大げさなようでも人類の未来を創るためであること。ユネスコスクール加盟が、私たちを勇気づけ、外へ向けて世界と出会っていく、創設一〇周年のこの時期にふさわしい贈り物になれば幸いです。

二〇一〇年正月　吉田敦彦

ユネスコ事務局長からのエール――『パネル展カタログ』序文より

『世界に広がるシュタイナー教育――ユネスコ国際教育会議パネル展示会カタログ』と題された青い冊子。一九九〇年代後半に、関西のシュタイナーを学ぶ方々が協力し合って翻訳したもので、仲間たちの間で頒布して拡めようと、我が家にも数冊あった。その序文の中でユネスコのマヨール事務局長が「いくつかの国では、シュタイナー学校もユネスコのプロジェクト校に指定されている」（傍点は筆者）と記していた。そして、京田辺シュタイナー学校の二〇〇一年の創設から一〇周年を迎え、ユネスコのパリ本部から京田辺の地に、朗報が届いた。他でもない、この「ユネスコのプロジェクト校（日本での呼称：ユネスコスクール）」に、京田辺シュタイナー学校が正式に認定されたのだ。

　この出来事は、決してこの学校だけのことではなく、この時代の大きな意志に連なる、幾重もの人々の思いの賜物だと感じている。「国連の良心・人類の良心」ともよばれる「ユネスコ（国際連合教育科学文化機関）」だが、シュタイナー教育とどのような本質的なつながりがあるのか、今回のユネスコスクール認定の意義を考えてみる。

　まず、この「パネル展カタログ」、今は手に入りにくいものなので、先のユネスコ事務局長の序文を、もう少し紹介する。国連の「教育文化」を担う公式機関が、いかにシュタイナー教育に対して熱い期待を寄せているかがよくわかる。

すべての子どもにその子だけの個性を認めること、子ども相互の間に信頼関係を築くこと、そしてそれぞれの子どもが自分の能力と可能性を自ら見出し、それを伸ばし、自分に誇りを持てるように導くこと――これが、今日の教育の課題です。シュタイナー教育も国際的な活動のなかでまさにこの課題に取り組んでこられたのであり、その意味ではユネスコとシュタイナー教育とは、同じ問題意識のもとに活動を行ってきたと申せましょう。したがって、教育に携わる者の相互理解と連帯とが以前にも増して必要とされる現在、ユネスコとシュタイナー教育運動とが交流することは、まさに時代の要請でもありましょう。

まさに時代の要請であるので、マヨール事務局長は、各国の文部大臣が参加するユネスコ国際教育会議（一九九四年、ジュネーブ）の場で、シュタイナー教育のパネル展示会の開催を認めた。それは成功し、会議の参加者の大きな関心を集めた。とくに、「もっとも注目を集めていたのは、個々のシュタイナー学校がそれぞれに抱えている問題と取り組んでいる具体的な体験の紹介であったように思われます。……実際の活動によって試されているある理念について知ること、そしてまたその理念に基づく実践の結果を知ることは、非常に有益なことなのです」とマヨール事務局長は書いている。

そして、続けて「ユネスコでは、プロジェクト校を設けて教育の革新を進める」ので、今もいくつかの国でシュタイナー学校が認定されているけれども、アジア地域においても、シュタイナー学校のプロジェクト校が生まれることを期待する、と結んでいる。

期待されたユネスコスクール認定へのチャレンジ

アジアで、日本で、シュタイナー学校がプロジェクト校になることをユネスコの事務局長が期待している。この序文を読んだとき、本当にいつか、実現する日が来るかもしれないと予感したのを覚えている。だからＥＳＤ（持続可能な開発のための教育）の国連一〇年がスタートした二〇〇五年、文部科学省にある日本ユネスコ国内委員会が、日本でも「ユネスコ・（プロジェクト・）スクール」を本格的に広げる活動をはじめると知ったとき、チャンス到来だと思った。

しかし大きなハードルだったのは、ＮＰＯ立の本校には、所管の教育委員会を通して認定を申請する正式の手続きルートがなかったことだ。残された手は、この文部科学省・日本ユネスコ委員会の責任者に直接お願いして、パリ本部に送る申請書を受け取ってもらうしかない。申請書を審査して認定するのは、文科省ではなくユネスコなのだから、日本国内にハードルがあって申請すらできないのはおかしい、それに「シュタイナー学校」は国際的に認定されている実績がある。それを直談判して訴えたのだが、そのとき、最強のツールとして提示したのが、例の「パネル展示カタログ」のユネスコ本部事務局長の序文だった。

しかし、当然ながら日本の担当者は疑心暗鬼で、パリ本部に問い合わせます、という返事だけだった。今回の申請には、多くの人に助けられ、いくつもの幸運が重なるのだが、そのパリ本部のユネスコスクール担当者が、じつはシュタイナー学校の卒業生だったという。この事実を知ったのは最近のこと。この担当者のニーデルマイヤー女史にパリで会ったオルタナティブ教育やユネスコの専門家、盟友の永田佳之氏が聞き出してきた秘話だが、「日本からシュタイナー学校が申請を」という事実が印象深く、はっきり覚えていたとのことだった。永田氏は、ＮＰＯ立学校がユネスコスクールに認定されること自体、「奇跡」としか言いようがないと語っていた。

たしかに幸運もあったが、他方で、とても必然的な偶然でもある。調べてみると、ユネスコとシュタイナー学校、この二つは、そのルーツにまで遡って歴史をたどってみると、同じ時代のスピリットを体現している。以下、それを紹介しておきたい。

呼応する「ユネスコ」と「シュタイナー教育」の理念

シュタイナーが一九一九年に最初の学校を「一つの祝祭的な文化行為」として創ったとき、次のように語っている。

> 人類を困窮と悲惨から救い出そうとする善きスピリットの名において、そして授業と教育を通して人類をより高い進化の段階へ導こうとする善きスピリットの名において、一歩を踏み出したいと思います。（『教育の基礎としての一般人間学』[1]）

「教育を通して人類を困窮と悲惨から救おうとする」この同じスピリットが、シュタイナー学校と、そして二度の世界大戦の惨禍の中で創設された「ユネスコ」という国連機関に働きかけている。第一次世界大戦直後の、シュタイナーが新しい学校を創設した同時期に、世界中で平和と自由を求める新しい学校づくりの運動がはじまる。日本でも大正期に新しい教育運動が興っている（「児童の村」や自由学園、玉川学園、トットちゃんの学校（トモエ学園）など）。これらに大きな影響を与えた「新教育連盟」という国際組織が一九二一年にB・エンソアのイニシアティブで誕生するのだが、彼女は、「神智学教育同胞会」の事務局長だった。詳しくは省略するが、国際連盟の国際知的協力委員会とともに、その新教育連盟の人脈が、ジュネーブ国際教育局を経て、ユネスコ創設の源流となったという。(2) シュタイナーも深く関与した「諸宗教の根源にある普遍的叡智の探求による人類の融和」（神智学）というインパルスが、ユネスコ憲章に流れ込んでいる。

「政治」「経済」に対する「文化（精神）」の自律性

それを意識して、あらためて「ユネスコ憲章」を読むと、なるほどと気づかされる。よく知られた冒頭の印象深い一節に以下のようなものがある。

戦争は、人の心のなかで生まれるものであるから、人の心のなかに、平和のとりでを築かなくてはならない。（第二次世界大戦直後一九四六年採択）

「戦争は、人の心のなかで生まれる」というのは、精神主義とも言われかねないほど、非常に人間の内面が重視された宣言になっている。さらに続けて、この憲章には、「平和は、それが政治的経済的な政府間の取り決めに基づくのみでは、世界の人々が心から一致して永続させるだけの確かな支持を得ることはできず、それゆえ平和は、それを失いたくなければ、人類の知的かつ精神的な連帯に基づかなければならない」（傍点は引用者）と明記されている。

ここに、「政治的」「経済的」という二つの領域に対して、「文化的・精神的」という第三の領域をはっきり打ち立てて、ユネスコはこの領域で自律的に活動するのだという決意が表明されている。その理念は、右に述べた源流にまで遡った経緯から、はじめて理解できる。

そして、シュタイナーの自由ヴァルドルフ学校もまた、社会の三分節化理論に基づいて、「政治・国家」「経済」から自由な「文化・精神」の領域における教育、すなわち「新たな文化・精神生活を創出できる人間形成」をめざしたのだった。

国家本位の教育に対する人類本位の教育

じつは、第一次世界大戦後の「国際連盟」創設時には、「教育は国家の専決事項」「国際社会からの不当な内政干渉を防ぐ」という理由で各国の反対があり、ユネスコ的な教育国際機関の設置

（1）ルドルフ・シュタイナー（著）高橋巌（訳）、筑摩書房、一九八九年。
（2）岩間博『ユネスコ創設の源流を訪ねて――新教育連盟と神智学協会』学苑社、二〇〇八年。

は（提案がありながらも）叶わなかった。一九世紀の近代国家の成立とともに成立した「学校教育は国民をつくるもの」という狭い教育観に、まだまだ縛られていたからだ。それに対して、やっと第二次世界大戦後、ユネスコの誕生とともに、シュタイナーが一足先にめざした国家本位ではない人類本位の教育が、まずは理念として認められた。平和主義と国際主義に基づくユネスコの合い言葉は、「国際平和と人類共通の福祉という目的」のための教育活動である。

しかし、戦後も各国の教育が、政治や経済に従属し、国民形成や国益といった狭い関心からなかなか抜け出せていないこともたしかだ。ブラジルはリオの地球環境サミットや湾岸戦争を背景とした一九九四年に、いよいよユネスコが危機感をもって、二一世紀に向けた平和と人類共通の福祉（持続可能な未来）のための教育協力を訴えるために開催した国際会議、それがあのシュタイナー教育パネル展を招致したジュネーブ国際教育会議であった。この国際教育会議は、二一世紀の教育方針を打ち立てたとして、後世に残る重要な会議だった。そこで方向が定まったユネスコの「二一世紀の教育ヴィジョン」は、「平和で持続可能な未来を創る」という目標と、単に知識の伝達だけではない「全人的・総合的な（ホリスティック）アプローチ」による教育方法を強調している。まさにシュタイナー教育が先駆けてきたものに他ならない。

このようなわけでシュタイナー学校は、国家のレベルを超えて国際社会が、幾多の惨禍を乗り越えて人類の未来のために生みだした国連・ユネスコから、時代を先取りした二一世紀の学校モデルとして評価され、期待されているのである。

日本の中の「人類の良心」と結びついて

国連「持続可能な開発のための教育（ＥＳＤ）一〇年」にあって、ＥＳＤはユネスコスクールの最大のテーマともなっている。このＥＳＤ一〇年を国連に提唱したのは、他でもない日本政府。また、そのときのユネスコ本部の事務局長は、日本人の松浦晃一郎氏が担っていた。申請で接した文科省国際統括局にも、国際的・人類史的な視野をもった先見の明がある方々の存在があった。また、前例のないＮＰＯ立学校の申請に際し、日本ユネスコ協会連盟、ユネスコ・アジア文化センター、日本国際理解教育学会からも、実現への応援をいただいた。

これから日本でもアジアでも、ユネスコスクールに加盟するシュタイナー学校が生まれていくことだろう。[3] シュタイナー学校に限らず、ユネスコスクール加盟の公教育学校には、志を同じくする意識的な教員たちも多く、いろいろなかたちで学び合っていくことができる。

日本にあっても、人類の良心に根ざして活動する人々が、ユネスコという貴重なセンターに集っていること、そのセンターから発するインパルスに、私たちの学校もつながっていけること、そして、ここにつながる志をもった他の学校と、ともに人類の未来のために交流・連携していけること。ユネスコスクール加盟できたことによって、実際にそういった交流が、すでにはじまっている。一〇周年を迎えた京田辺シュタイナー学校の、新たなステージである。

（3） 実際にその後、京田辺シュタイナー学校に続き、ＮＰＯ法人立の横浜シュタイナー学園、東京賢治シュタイナー学校、そして同じくＮＰＯ立の箕面こどもの森学園も、ユネスコスクールに認定された。

2　フリースクール等のオルタナティブ教育機関の概要

「学校」以外の学び場の広がり

「学校に子どもを合わせるのではなく、子どもに合わせて学校をつくろう」。これは、「世界で一番自由な学校」サマーヒル学園を創設したA・S・ニイルの言葉として知られている。[4] 既存の学校の枠にとらわれず、子どもの現実から出発した学び場づくりが、日本でも取り組まれてきた。フリースクール、フリースペース、オルタナティブ学校、教育支援センター（適応指導教室）、塾・サポート校、ホームスクール等、それらは、オルタナティブ教育機関と総称されている。

一九八〇年代以降、既存の学校で強まった管理教育や知識詰め込み型の画一的教育に対して、一方で、急増しはじめた不登校生徒の現実的ニーズに対応して、他方で、過剰に制度化された官製の教育システムに対する市民による手づくりの学び場として、これらは次第に広まりをみせてきた。民間（市民立）のものが先行し、一九九二年に文部省（当時）が「登校拒否はどの子にも起こりうる」という見解を出して認知（原籍学校での出席扱い）して以来、行政・教育委員会の公設した教育支援センターも増えてきた。文部科学省は、二〇一五年に「フリースクール等に関する検討会議」を設置し、同時にはじめて全国規模の実態調査が行われ、少なくとも全国に四七四か所、約四二〇〇人の小中学生が関連機関で学んでいることが把握されている。

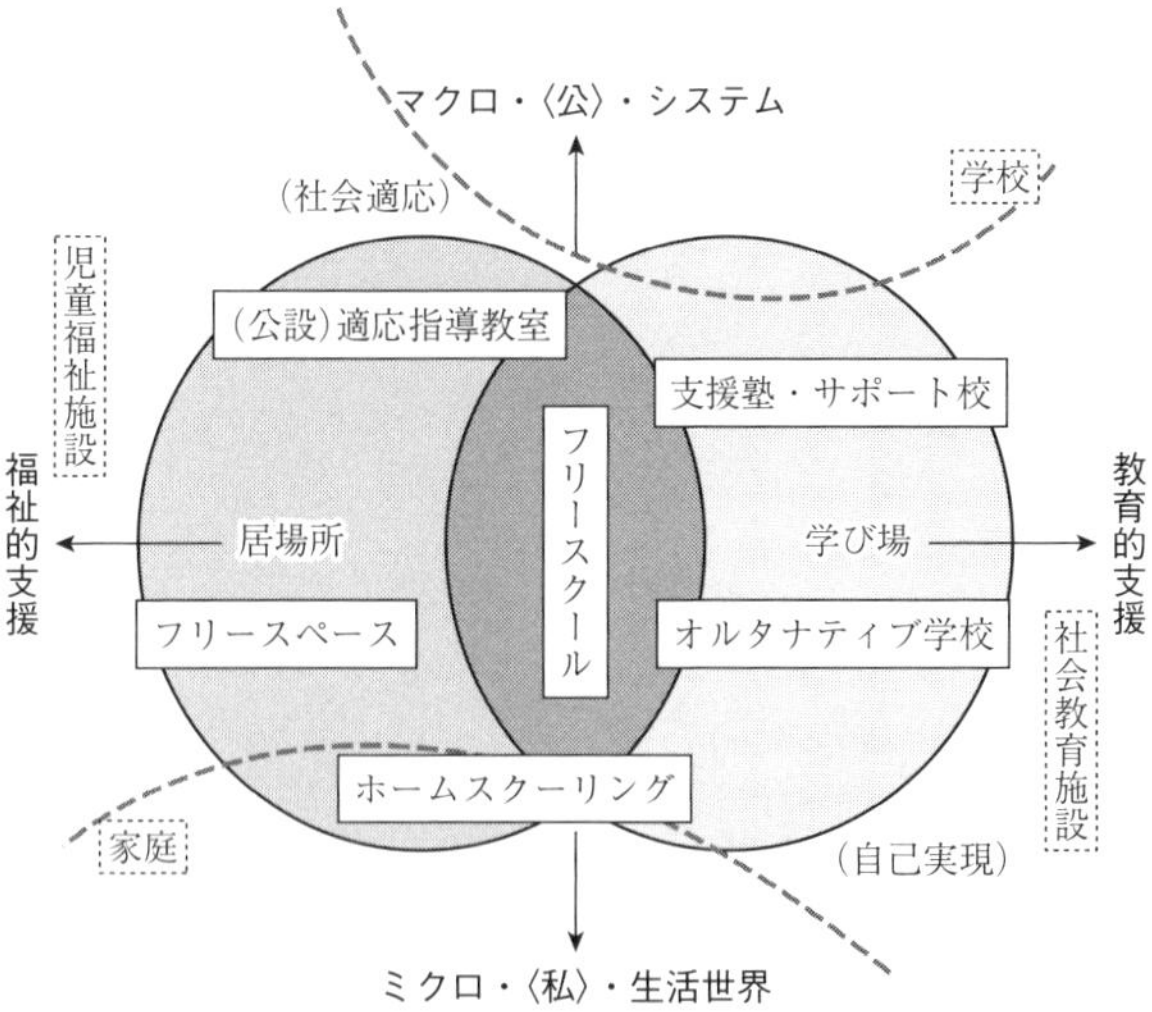

図２　不登校とオルタナティブ教育の概念図

さまざまなオルタナティブ教育機関の機能

これらは多様な機能をもっており、〈図２〉のようにマッピングできる。このように各々のもつ存在意義と特色（意義と限界）を把握することで、自覚的に協働・連携することが可能になる。

まず横軸の一方に、子どもがみずからの存在を受け入れられ、安心して元気を回復できるケア・福祉を中心とした支援（ケアリング・居場所機能）、他方に、子どもの成長発達に即した学びを、ユニークな理念や方法で促進するティーチングを中心とした教育的支援（ティーチング・学び場機能）がある。前者の典型として「フリースペース」（居場所）が、後者の典型として「オルタナティブ学校（もうひとつの学び舎）」（シュタイナー学校、フレネ学校、モンテッソーリ学校など）がある。日本のいわゆる「フリースクール」は、不登校のニーズに対応して出発し、次第に学習プログラムを整備するようになったものが多く、それはこの軸の中間に位置づく。

次に、縦軸の一方はマクロな視点から制度化されたシステムと社会への適応（進路保障）を重視する機能、他方は、ミクロな視点から顔の見える生活世界の関係性と、子ども一人ひとりの自己実現を重視する機能である。前者には、学校復帰を目的として公教育を補完する教育支援センター（適応指導教室）が、後者には、ホームスクーリングが、そして、市民・NPOによる手づくりのオルタナティブ学校は、「私」と「公」の間に新しい公共領域を拓く第三セクターとして、この軸の中間に位置づけることができる（本書コラム③）。

オルタナティブ教育の法的地位と学習機会の多様化

子どもにあるのは、学校に行かなければならない義務ではなく、学ぶ権利。学校に通っても本人が適切に学べない場合、それでも学校に通い続ける義務はない。大人の方に、子どもの学習権を保障する義務がある。学校教育法第一条に定める「学校」は、憲法第二六条で定める教育を受ける権利、すなわち学ぶ権利を保障する義務を国民が果たすための制度である。

したがって、ある学校が子どもに適切な学ぶ機会を提供できていない場合、憲政上の義務は、無理にそこに通わせるよりも、その子どもが適切に学べる場所を探したり、創りだしたりすることだ。世界人権宣言（一九四八年）や子どもの権利条約（児童の権利に関する条約、一九九〇年発効）は、保護者が、子どもにとって最善の利益となる学習機会を選択する優先的な権利をもつと定めている。オルタナティブ教育機関が「学校（一条校）」として無認可であっても、あるが、憲法や子どもの権利条約に規定された学習権を保障する場として機能しているかぎり、それを選択しても就学義務違反とはならない。現在、その法的整備が急務となっている（本章第4節参照）。

不登校にはさまざまなケースがあり、近年では貧困や格差固定化、虐待や育児放棄等の社会面、また「発達障害」のラベリングが絡んだ病理面等も含めて、短絡的な要因論に陥らない総合的なアプローチが必要である。ここでは特に教育的観点から、既存の学校への復帰をめざす解決にとどまらず、個性をもつ一人ひとりの子どもに最善の学びを保障するため、多様で適切な教育機会を創造してきたフリースクールなどのオルタナティブ教育機関という選択肢を紹介した。

子どもが学校に不適応という視点だけでなく、学校システムが子どもに不適応を起こしているという視点を併せもつことも必要だろう。すなわち、近代化途上型の一元的で画一的な旧来の学校システムから、成熟社会にふさわしい子どもの多様性に応じた多元的な教育システムへの移行期の課題として、この問題をとらえる視点が重要なのである。

（4）A・S・ニイル（著）堀真一郎（訳）『恐るべき学校（新版ニイル選集③）』黎明書房、二〇〇九年。

3　もうひとつの学び場づくりの三〇年
──「日本シュタイナー学校協会」創設に寄せて

市民が手づくりで、自前で学校を創っていく。この学校づくりのムーブメントは、一進一退のように見える。しかし、筆者が目撃してきた三〇年間を一〇年ずつに刻んで見ていくと、きちんと進展している。ただ、今は量的拡大よりも質的充実にシフトする時期だろう。すでにできている学び場が、しっかりつながって支え合う組織化が大事だと思う。

それを象徴的に感じたのが、「日本シュタイナー学校協会」の誕生のとき（二〇一三年八月）。そして、その「協会」が「第1回オルタナティブな学び実践交流研究集会」（二〇一四年二月）で果たした貢献。学び場づくりの日本全体の動向を俯瞰し、「協会」創設の意義を考えてみたい。

「協会」の設立が成ったとき、陣痛はあったが、月満ちてしかるべき時にしかるべき仕方で誕生したという手ごたえがあった。数年前にも、連盟のようなものの創設の話がドイツ経由であったりしたが、流れてしまった。でも今回は、内発的なニーズがあった。日本各地にできた学校でクラス数がどんどん増えていく中、シュタイナー学校としてのクオリティに責任をもつためには、自分の学校のことだけでなく、他の学校とも横につながり、自分たちで質を保証していける協力体制が必要になってきた。その担い手として協会を立ち上げていくプロセスで、日本のシュタイナー学校運動のステージは一段上がったように思う。

少し時代を遡って、私たちがどこまでたどり着いてきたのか、道のりを振り返ってみよう。

一九八〇年代、シュタイナー教育を日本に知らしめた『ミュンヘンの小学生――娘が学んだシュタイナー教育』（子安美知子、中央公論社、一九七五年）というベストセラーはあったけれど、日本の各地にシュタイナー学校ができるなんて「夢物語」だった。とはいえ、校内暴力や管理教育批判が強くなり、脱学校論のような、既存の学校システムそのものを問い直す論調がはじめて前面に出てきた時代。「登校拒否」が急増。「物の豊かさから心の豊かさへ」というスローガンが謳われ、精神的な世界への関心も高まった。欧米のフリースクールや自由教育の紹介が盛んになり、シュタイナー著作の翻訳出版も相次いだ。一九八五年に自由の森学園やフリースクール東京シューレが開校、そして一九八七年、東京シュタイナーシューレの最初のクラスが誕生した。

九〇年代に入っても、シュタイナー学校は、東京シュタイナーシューレが、まだ一校だけの独り旅。先駆者ゆえの格闘を続けていた。ただ、この一〇年間に、二〇〇〇年代に花開く種子が蒔かれていた。多くの若い世代が海外へ出て行き、志をもってシュタイナー教員養成校で学んで帰国した。シュタイナー学校設立準備会のような活動が各地に芽生えた。また、九〇年代初頭では、義務教育段階の子どもが通う全日制学校をつくろうとすれば、就学義務違反として厳しい指導命令があったが、九〇年代後半にかけて、不登校の子どもの学校外での学びへの理解が（涙ぐましい訴えの成果として）進み、無認可のフリースクールなどが許容される余地が生まれてきた。

一九九五年の阪神淡路大震災後のこの時期に、ボランタリーな市民活動を支える法整備を求めた運動によって特定非営利活動促進法（ＮＰＯ法）ができたことも大きい。今も市民の手づくりによる学校の法的性格を支えている。さらには、画一的な知識の詰め込み教育への反省もあって、教育界全体に、ゆとり教育や総合学習など、新しい学びの形を歓迎する時流もあった。

そんな追い風を受けて、きのくに子どもの村学園やたくさんのフリースクールが設立され、二〇〇〇年前後には、いずみの学校、賢治の学校（現：東京賢治シュタイナー学校）、京田辺シュタイナー学校などが相次いで誕生した。京田辺シュタイナー学校の開校は二〇〇一年だが、もし一〇年早ければ、学籍校からの就学義務プレッシャーは比較にならないほど大きかったはずだし、ＮＰＯ法人という法人格を得ることもできなかった。

このように、日本のシュタイナー学校の今があるのは、自分たちの努力であると同時に、それだけではない。広がりのある社会のムーブメント、同時代を生きる仲間たちとの有形無形のつながりに助けられながら、ここまで歩んでこられたのである。

その後、二〇〇〇年代に入ってから、特区制度によってＮＰＯ立学校を学校法人化する機運が盛り上がったのも、多くのオルタナティブ系の学び場が連携したからだった。二〇〇五年、学校法人のシュタイナー学園が、その第一号として誕生した。続いて東京シューレ葛飾中学校が、そしていずみの学校も学校法人の北海道シュタイナー学園となった。他方では、横浜、千葉、愛知、福岡と各地にＮＰＯ立のシュタイナー学校の設立が続く。二〇一〇年までの一〇年間、全国のシユタイナー学校の在籍生徒総数は、（学校数とクラス数が積みあがっていく時期だったため）見事な右肩上がりの直線を描いて伸び続けた。

しかしそれは、見方によっては、九〇年代の遺産があってこその一〇年間であったとも言える。二〇〇〇年代を通してみると、「学力低下」によるゆとり教育批判、構造改革（競争原理の強化）による格差社会化、リーマンショックのようなグローバル化の負の側面の露呈など、追い風は凪ぎ、しだいに逆風に変わっていった。学力テスト重視への回帰、格差社会化に伴う安定志向（安全手形としての学歴志向）が強まり、多くのフリースクールは運営が難しくなった。海外のシュタイナー教員養成コースへの日本人参加者の数は減り、シュタイナー学校への入学希望者も頭打ち傾向となった。二〇一一年三月一一日の東日本大震災や原発事故は、この不安定な動向に拍車をかけた。

私たちは岐路に立っている。このままではいけない。そのような危機感を、つながる力に変えて、二〇一二年より「協会」の準備がはじまった。「シュタイナー学校」としての存続をめぐって、真剣に、かつデリケートに話し合いを重ねた。これまでの越し方を振り返り、次の一〇年に向けて何が必要か。全国からシュタイナー学校の教員と運営者の代表が一堂に会して話し込んだ。

各地のシュタイナー学校での貴重な経験を分かち合って、それぞれの学校での教育をより豊かで強いものにしていく。積み上げてきた一〇年二〇年の成果を、日本のシュタイナー学校運動の共有財産として活用していく。そして、次の世代の教員を日本で養成していけるように、先輩格の学校たちが連携して教員養成に取り組む。さらに国際的なシュタイナー学校運動と連携する際の日本の受け皿として、また日本の同じ方向をもった学校ネットワーク（ユネスコスクールやオルタナティブ学校）と協働するときの仲介役としての機能も期待された。一つひとつは弱く小さい学校でも、絆を強めることで、ともに強くなっていくことができる。こういった協会の仕事は、各学校が自分のことで精一杯だった一〇年前には、時期尚早だったものばかり。今ようやく、時が熟してつながる力が生まれ、二〇一三年の夏、ついに「日本シュタイナー学校協会」が誕生した。そして絶妙のタイミングで、「アジア太平洋ヴァルドルフ教員会議」の日本開催を担うことになったり、他の多様な学び場と連携した「オルタナティブな学び実践交流研究集会[5]」に、協会として参加することになったり、という活動が待ち受けていた。

協会の創設を、思いのほか熱い眼差しでもって歓迎してくれたのが、この三〇年来、市民による学び場づくりの苦労をともにしてきた――ともにしてきたはずなのに、実はこれまであまりつながっていなかった――国内の他の多様な学び場だった。オルタナティブな学び場の交流集会への協会としての参加は、他の参加者を勇気づけた。というのも、いま一番必要なのが、自分たちで自分たちの教育のクオリティを保証していく協力支援の組織づくりだとの自覚を深めているところだったから。この交流集会の目的は、「多様な学び保障法（案）[6]」の実現に向けて必須の、自分たちで学びの質に責任をもつことのできる自助的なつながりを生み出すことだった。その先駆的な試みの一つとして、シュタイナー学校の協会が注目されていた。

とはいえ、「日本シュタイナー学校協会」は、誕生してまだ間もなく、教員養成を含む質保証の自助組織としての取り組みは、緒に就いたばかりだ。すべてはこれからだが、おそらく自分たちで認識できている以上に、日本の多様な学び場づくり（国家にも経済にも従属しない自由な市民の学校づくり）に貢献するミッションを、この協会はもっている。気負いすぎる必要はないが、自分たちのミッションの大きさを、それに相応しい大きさで認識できるとき、かえって落ち着いて、瑣末なことに振り回されずに、その仕事に専心できもしよう。

一つの学校だけを見ているとは実感できないけれども、他の学校とつながると気づけることがある。日本の片隅に一つの学校をつくることが、大きな歴史の歯車を回していくことになる。京田辺シュタイナー学校は、生徒数約二六〇名の、まぎれもなく日本最大のＮＰＯ立学校だ。時代がかった言い回しになるが、社会の未来へ向けて、自分たちの手で人類の歴史をつくる営みに参加している。

（5）　現在では「多様な学び実践研究フォーラム」として回を重ねている。本書の第3章第4節やコラム⑥を参照。
（6）　二〇一六年の「義務教育の段階における普通教育に相当する教育の機会の確保等に関する法律（教育機会確保法）」につながる法律の素案の名称。本書の第3章第4節を参照。

4　オルタナティブ教育の制度的保障に向けて
——多様な学び保障法から教育機会確保法へ

システムではなく個人が起点となる学び場づくり

①子どもの一番近くにいる人が学び場をつくる権利

一つの既製服・標準服に合わせて子どもの手足を切り縮めるようなことをするのではなく、多様な子どものあり方に合わせてオーダーメードの手づくりの服をつくっていく。「学校に子どもを合わせるのではなく、子どもに合わせた学校をつくろう」（A・S・ニイル）。これまでは、学習指導要領という全国一律の標準カリキュラムをもった一元的な学校制度しかなかった。これからは、子どもの一番近くにいる人（教師や保護者や市民）が子どもとともに、多様な学び場を生み出していくことができる、そういう社会をつくっていきたい。それを個々人の自己責任に帰してしまうのではなく、それが公的に認められ、それぞれの自律性を尊重しつつ多様なあり方をサポートできる仕組みが必要だ。

そのために、「オルタナティブ教育法（骨子案）」や「多様な学び保障法（案）」を構想した。さまざまな賛否両論に耳を傾けながら、それを練り上げ、その実現に向けた市民活動に参加してきた。これらは政治を動かす力にもなり、二〇一四年には文部科学省が全国の民間のフリースクールやオルタナティブ学校に呼びかけて「フリースクール等フォーラム」(文部科学省講堂に五〇〇名が参加)を開催し、「フリースクール等支援のための検討会議」を設置した。二〇一五年の時点で、国会でも「普通教育の多様な機会を確保する法律」(仮称)を議員立法で上程しようとしている。この動向に、私たちは、どのようなスタンスで臨むべきか。

②行政主導型から市民参加型の学び場づくりへ

それぞれの子どもの特性に応じて「普通教育」を受ける権利を保障するよう、憲法第二六条は保護者や行政に義務を課した。それを受けて、教育基本法第五条は、普通教育を受けさせる義務の果たし方について具体的には「別に法律で定めるところにより」とした。現状、その別の法律とは、学校教育法しかない。したがって、その義務の果たし方が、これまでは学校教育法で定める学校に通わせる「就学義務」という選択しかなかった。その中で、学校教育法の第一条校とよばれる学校に通わない子どもと保護者は、あたかも人としての義務を果たしていないかのような辛い立場に置かれてきた。私たちが構想したのは、学校教育法だけでなく、もう一つ横並びで、普通教育に相当する教育機会を定める法律を、教育基本法第五条の下に置く提案である。

行政が主導して全体を公平にカバーする標準化された一律システムを整備し、その中にすべての子どもを等しく通わせることで、学習権を保障する義務を果たしてきたのが二〇世紀。他方、子どもの権利条約批准と軌を一にして、行政任せにしない市民のボランタリーな非営利活動が立

表1　学習権保障の２本立て法制 ＝ 学校教育法+多様な学び保障法

	学校教育法	多様な学び保障法
保護者の義務	就学義務：普通教育を行う「学校」制度に通わせる義務。	教育義務：子どもに合った学びの機会を確保する義務。
普通教育の質の確保	事前規制中心（どこで学ぶか）：行政の定めるハード・ソフトの基準に合致した教育機関を「学校」として認可。	事後チェック中心（何を学んだか）：行政には保護者が登録・届出。互助的な学びの支援機関による助言や相互認証。
公費支出の対象	制度化された学校（教育機関）：教員は公務員採用、学校運営費・交付金。私立学校は私学助成金。	学習者個人（保護者）：保護者に「学習支援金」を給付。登録学習機関による代理受領も可。
理念の志向性	制度が個人に先立つ。 システム、公共圏が起点。	個人が制度に先立つ。 生活世界、親密圏が起点。

ち上がり、二一世紀初頭には市民・NPOが子どもに合わせた多様な学び場を作り出してきた。

行政主導型から市民参加型の学び場づくりへ。二〇〇〇年代の市民・NPO活動一般の量的拡大や質的成長そしてその課題――財務運営や人的スタッフの継承といった課題――を共有しつつ、今日まで継続している学び場は、一定の質的成熟をみるに至っている。

このような実態に、法制度の方が追い付いていないのである。そこで後追い的に、これら学校外の学び場も、正当な普通教育に相当する教育機会だと認める法整備をしようというわけだ。

③「制度（学校）」起点と「個人（子ども）」起点の二本立て

既存の制度に依存せず、市民がボランタリーに学び場をつくることによって、普通教育を受ける権利を子どもに保障していく（狭い意味の「就学義務」ではなく、「教育義務」を果たしたものと見なしていく）、このような「多様な学び保障法」（もしくは「多様な教育機会確保法」）の趣旨を、旧来の制度と対比して整理すれば、〈表1〉ような一覧表にできる。

一方は、学校という教育機関、それに対する許認可規制や財政支援を行うシステムが先にあって、そこに一定期間所属すれば子どもの学習権は保障されたと見なす。他方は、事前の行政による認可や規制は最小限にして、子どもと生活世界をともにしている大人たちと顔の見える親密な関係性において学びを生み出し、制度は事後的にそれをサポートし、点検・確認するにとどめる。つまり、前者は、制度（システム・公共圏）が個人に先立ち、後者は、個人（生活世界・親密圏）が制度に先立つ。〈表1〉には「理念の志向性」として、その特質を記してみた。

まだまだ既存の公教育制度には、教育の機会均等やインクルーシブな教育（社会権としての教育）を支えていく責務がある。同時に、子どもに学び場を保障する責務を個人が担うことを希望する者には、その自由を認容する法制度があってよい。その際、過度の民営化・市場化へのブレーキとして、しかるべき制約も付けるべきだろう。懸念があるのはもっともで、制度設計の時点で真剣に取り組むべき懸案事項として認識している。まずは小さくとも、風穴をあける。学校（一条校）以外の学び場を選ぶ道を、裏の抜け道ではなく、堂々と歩める道にするために、今回は小さくても一歩を踏み出すことが大切だと考える。

「教育機会確保法」の施行を受けて——公民連携で中間支援組織づくりへ

フリースクール等支援の超党派議員連盟による「普通教育の多様な機会の確保に関する法律案」は、賛否の議論を経て、二〇一六年一二月国会において「義務教育の段階における普通教育に相当する教育の機会の確保等に関する法律（教育機会確保法）」として可決成立した。それがすでに施行実施された現在の時点で、オルタナティブ・スクールの公的位置づけを求めてきた立場から、その評価と今後の課題を展望しておく。

①「多様な学び保障法」の原点と歴史的方向性

「多様な学び保障法を実現する会」が「オルタナティブ教育法（仮称）を実現する会」という名称で創設されたとき、筆者は発起人の一人としてその立ち上げに加わった。その活動の趣旨は「フリースクールやシュタイナー教育、デモクラティックスクール、外国人学校、インターナショナルスクール、ホームエデュケーション等、既存の学校に通う以外の、多様な子どもの学びの在り方、育ち方を公的に認め、支援を求めるための活動である」とされた。実際に、ほぼ月例で開かれるこの会の運営会議には、ここに列挙された、学校以外のさまざまな学び場の関係者が集い、法案づくりのために膝を突き合わせて熱心な議論を交わした。このような場とつながりを持つことができたこと自体、画期的と言ってよいほどに貴重なステップだった。

そこで大事にしてきた観点は、普通教育を受ける機会が、学校教育法で定める学校だけに固く閉じられている状況に風穴をあけ、柔らかく開かれたものにしていくことだった。憲法や教育基本法で定められている、「全ての人がその人に相応しい教育を受ける権利（学習権）」を保障するため、それを学校教育法上の学校に通わせる（就学義務制度）だけでなく、他にもさまざまな可能性のある教育の場で学ぶことでも保障できるシステム（教育義務制度）を、現にそのような学び場が生まれてきている現実を踏まえてつくり出すこと。一元的に統制された学校制度だけでなく、多様な学び場がたえず生まれ育つ余地をもった、柔らかいシステムへ（一元的統制モデルから多元的生成モデルへ）。そのために、学校教育法とは別の、普通教育に相当する教育の機会を確保する新しい法律をめざしたのである。この基本的な方向は、フリースクールもオルタナティブスクールも、しっかり共有できるものである。

この方向（多様性と自由度の増大）は、生物の進化においても人類の歴史においても必然である。「紆余曲折」や「三歩進んで二歩後退」があったとしても、大局的に見れば、そちらの方向へ進んでいくものだ。かくして地球上の生物は、最初は単純だったのが現在はかくも多種多様である。人類史においても、昔に比べれば、教育を受ける機会は、ずいぶんと豊かで多様になってきた。近代化の発展途上では、一元的なコントロールを行う独裁的な政権が生まれることがあっても、しだいに市民の一人ひとりが力をもって、多様性と自由度の高い社会が（そして教育の機会も）生み出されていく。

②方向性において逆行ではなく一歩前進した新法

今回の新しい法律も、一元的統制から多元的生成への、この大きな歴史の必然を視野に入れて、その意義を見定めておきたい。私たちが議論を重ねてつくった「多様な学び保障法案」は、「多様な教育機会確保法案（フリースクール議連馳浩座長案）」として成案をみたが、「普通教育機会確保法」というかたちとなった。馳座長案では、「多様な学び」や「みなし就学義務」が条文に入り、三歩前進するかと思われた時期もあったが、結果的には、さしあたり「不登校児童生徒」を対象とするかたちとなり、二歩後退した。

けれども、学校（一条校）に通うことを絶対視して、それ以外の場で普通教育の機会を得る余地を全く認めてこなかった現行制度に比べると、「学校以外の場において行う多様で適切な学習活動の重要性」（第一三条）を公認したことは大きな一歩だとも言える。そして、その普通教育の機会を、行政や学校法人だけでなく、広く民間の団体が担うことをも認め、それを尊重して連携することを求めた。つまり、固く閉じたシステムから、柔らかく開かれたシステムへ、大きな方向性で見れば逆行するのではなく、前進した。

まだ予断を許さないのもたしかである。「不登校」の定義を狭く限定して理解し、それ以外の学校に行っていない子どもを線引きして問題視するような管理の機会として使われる可能性もありえる。そのような排他的な理解を防ぐには、この法律の目的が第一条に明記されたように、（学校教育法を補完する法律ではなくて）憲法・教育基本法および子どもの権利条約の趣旨に基づいて基本理念を定めたものだという認識を共有するのが重要である。新しい法律の運用にあたっては、当然ながら関係者がその法律の趣旨を学ぶことが必要だ。新法の施行を好機として、そこに明記された子どもの権利条約などの基本理念を学ぶ機会を公民連携で創り出していくこと。それはオルタナティブスクールにとっても、この法律の次のステップに向けての大きな力となるだろう。

③行政と民間・市民との公民連携の推進を

このような公民連携の先行事例として、横浜子ども支援協議会を通した横浜市教育委員会との連携がある。注目したいのは、NPO法人横浜シュタイナー学園というオルタナティブスクールは、二〇一六年六月から横浜子ども支援協議会に参加し、地域の不登校児童生徒が通うフリースクールとともに教育委員会と連携して学習会や学校見学会などの活動を重ねていることである。必ずしも不登校を経ない子どもが通う学校復帰を前提としないスクールが、線引きされずに地域協議会に参画できているわけである。

これまでに多様な学び場の草の根から立ち上がってきた連携を、途絶えさせることなく持続し発展させ、公的な社会において支持の得られるものへと成熟させていくことができるか。そのような観点から、まさに新法施行の直前に開催された「第四回多様な学び実践研究フォーラム」（二〇一七年二月五日、於：大阪府立大学）では、筆者は「オルタナティブな学びの場——支え合う組織づくりに向けて」というテーマの分科会を主宰した。そこでのキーワードは二つ、「中間支援組織」「相互認証（ピア・レヴュー）」「公（官）民連携」。「公民連携」については今述べた横浜の事例を佐藤雅史氏作成の資料によって共有した。あとの二つについて、少し紹介しておく。

④自律性（自主管理）と公共性（公的認証）のディレンマ

新法をめぐる多岐にわたる論点の中でも、とくに難題だったのは、「自律性」と「公共性」のあいだのディレンマをいかに調停するか、という点であった。つまり、一方で、「多様な学び場」に対して国や教育委員会などが直接に行う規制や介入が強まると、その自律性や独自性が危うくなる。他方で、それを公認し公的に支援しようとするかぎり、憲法・教育基本法上の「普通教育」を担う責務を果たしていると認証する必要がある。「自律性（独自性）」と「公共性（公的認証）」、この対立しがちな二つを両立させることは、容易ではない。標準化された一元的基準による統制からの自由を確保してこそ、それぞれにユニークな多様性をもった学び場を展開できるが、全く野放しになると「何でもあり」だという批判に耐えることができない。学びの質を担保するために何らかの形での評価・認証を受けることは避けられない。

現行の就学義務制度のもとでは、事前規制中心のシステムで教育の質を担保している。学習指導要領や教科書、教員免許、学校設置基準など、行政の定めるハード・ソフトの基準に合致した教育機関を「学校」として許認可し、そこに就学しているかぎり、学びの質は保証されていると見なすシステムである。それは、全国津々浦々の子どもに一定水準以上の教育機会を保障しうるマクロなシステムとして、相当の有効性をもつシステムである。しかし、それだけが、質の保証の方法ではない。「どこで学んだか」ではなく、「何を学んだか」によって評価する方法、事前規制ではなく、プロセス支援と事後的なチェックを組み合わせ、より個別性・独自性の強い多様な学びを評価し認証できるシステムもあってよい。

たとえば、事前の入り口のハードルは低くしておいて、その教育・学びを関係者でサポートして質のよいものにしていきながら、三年後、五年後、子どもの成長する姿を見ながら事後点検していくような方途で質を担保することはできないか。新法制定過程では、「個別学習計画」に基づく学びを「就学義務履行とみなす」という案も議論された。個々人に応じた独自性の高い学びを、当事者がデザインしてプロセス支援を行うツールとしてはありえるものだったが、しかし、その個別学習計画を保護者が作成し教育委員会が管理するという点で、合意が困難になった。では、どのような方法があるだろうか。

⑤自助的な中間支援組織による相互認証へ

「多様な学び保障法を実現する会」が練った法案骨子で提案しているのは、次のような方法である。多様な学びの場の支援や質の保証については、教育行政機関が直接に行うのではなく、民間で自主的につくった組織（「(仮称）多様な学び支援推進機構」）で行えるようにする。「中間支援組織」とよばれるそのような組織において、関係者が自主的・自律的に互いの学びの場を支援し、その質を相互に評価し合い、認証する。その相互認証の仕方は「ピア・レヴュー」とよばれ、大学の設置基準などの規制が緩和されたときに、大学の質を保証する自主的・自律的なシステムとして取り入れられ、現実に（ある程度は）機能している。

整理すれば、多様な学びの「独自性」と「公共性」のディレンマを解決するために、この中間支援組織（「支援推進機構」）の主たる機能は、次の六点にまとめることができる。①学び（の場）の自助的な相互支援（中間支援）、②学び（の場）の質の相互評価（相互認証）、③スタッフ・教員の養成・研修、④公民連携：行政交渉等の窓口、⑤実践研究・交流、情報収集・調査、⑥対外的な情報提供・発信・広報。

では今後、この「中間支援組織」づくりを見据えて、どのようなステップを踏んでいけるか。すでにスクール種別ごとの組織として、「フリースクール全国ネットワーク」「日本シュタイナー学校協会」「デモクラティックスクール・ネット」などが誕生し、歩みを進めている。これらは「第四回多様な学び実践研究フォーラム」に団体参加していたが、このフォーラム自体が、中間支援組織のプラットフォームとしての機能を果たしはじめているとも言える。こういう民間の団体と教育委員会など行政サイドが、新法を好機として、対話とコラボレーションに踏み出していくこと。そうして信頼関係を築いていくことが、次のステップとして大切になっているのだと思う。新法の制定過程で積み上げてきたネットワークやフォーラムをしっかり継承しつつ、パブリックセクターを視野に入れて、各方面が連携し合った活動を重ねていきたいものである。

コラム⑥　第四回多様な学び実践研究フォーラムの報告

二〇一七年二月四日、五日に大阪府立大学（I-Siteなんば）において標記のフォーラムが開かれ、二日間で三四二名（各日約二六〇名）が参加した。関西では、毎年、「多様な教育を推進するためのネットワーク関西（おるたね関西）」をはじめ、フリースクールやオルタナティブスクールの関係者が実行委員会をつくり、「これからの子育て・教育を考えるフォーラム」を積み重ねてきた。今回は、「多様な学び保障法を実現する会」も共催し、昨年は早稲田大学で開かれた「多様な学び実践研究フォーラム」の第四回としても位置づけたものである。

初日は、『嫌われる勇気』(*)の著者岸見一郎氏による講演「アドラー心理学からみた自由に生きるヒント」からはじまり、人からの評価を気にするよりも、自分で決めた自分の道を歩む勇気をもらった。つづいて、まさにそんな生き方を応援している各地の多様な学び場の団体紹介、そして座談会。また、「多様な学び」に本腰を入れている大学の取り組みを共有するセッションももった。

このフォーラムでは、多くの団体がブースを出す「出会いの広場」を設けていたのも特徴で、プログラム終了後も、そこでの賑やかな交流が夜遅くまで続いた。

二日目は、多彩な分科会が開かれた。実行委員会には、フリースクール関係者だけでなく老若男女、文字どおり多様な人たちが集まっていて、それぞれが思いの込もった企画を出し合った。それは分科会テーマに表れているので列挙すると、「多様な学びを問い直す——教育とは何か？」「自己肯定感を育む子育てとその支援」

「公教育とオルタナティブ教育のアウフヘーベン――ちょっと先の未来を一緒に考えよう！」「多様な学び保障の法制化の現状と課題」「越境するリフレクション――学び合う日常へのはじめの一歩」「子どもの権利を考える――子どもの権利の現状」「第三回オルタナティブな学び教育研究会」「オルタナティブな学びの場――支え合う組織づくりに向けて」の八つ。それぞれに魅力があって、多くの参加者を得て、それらを集約した最後の全体会は熱気に包まれた。

今回は教育機会確保法が成立し、実際に施行される直前というタイミングでもあった。法律がよいものとなるか否かは、まさに今後の活動のあり方にかかっている、という緊張感の中、不登校支援の観点からだけでなく、多様な学びを保障できる社会をつくっていこうという原点に立ち返った議論も交わされた。こういう大切なときだからこそ、しっかり行政とも渡り合うことのできるつながりを築いていきたいと思う。

その意味でも、こういうフォーラムを仲間たちの手でつくりあげ、回を重ねていくことは意義深い。なにより主催した実行委員のメンバーが、やってよかった！ と実感し、エンパワーされた二日間だった。フォーラム実行委員会委員長として、関係者のみなさんへの感謝とともに、ここに報告しておきたい。

（＊） 岸見一郎・古賀史健『嫌われる勇気――自己啓発の源流「アドラー」の教え』ダイヤモンド社、二〇一三年。

〈初出文献〉
「第四回多様な学び実践研究フォーラムの報告」『不登校新聞』二〇一七年四月。

5 「シュタイナー教育基本指針」の意義——幼小接続と公共社会との連携

『シュタイナー教育基本指針Ⅱ（三歳から九歳まで）』の公刊

ドイツのヴァルドルフ（シュタイナー）学校連盟と同幼稚園連盟の協働で作成した『シュタイナー教育基本指針Ⅱ（三歳から九歳まで）』の邦訳が公刊される運びだ。(7) 訳者の入間カイ氏から次々と送られてくる訳稿を拝読しながら、不思議なほどのシンクロニシティ（共時性）を感じた。応答しようとしている課題の同時代性が、その共鳴の背景にあるのだろう。これは、単にシュタイナー教育関係者のみならず、それを超えて広く同時代の教育にとって意義深いことだと思う。

いくつかポイントがあるが、大きく分ければ、一つは、子どもの発達を考慮した幼児教育と学校教育との連携、もう一つは実践と研究の協働によるシュタイナー教育と一般の公共社会との連携。ストレートに問いを立てれば、幼児教育無償化と五歳からの義務教育化に、幼保連携・幼小連携の観点から、どう対応すべきか。そして自己完結しがちなシュタイナー教育を、次の一〇〇年にどう公共社会に広げていくか、という課題である。

(7) これは、以下の書籍として刊行された。ライナー・パツラフ、ヴォルフガング・ザスマンスハウゼン（著）入間カイ（監訳）『シュタイナー教育基本指針Ⅱ——三歳から九歳まで』水声社、二〇一五年。

発達を考慮した幼小の接続連携

①幼児教育の段階的な無償化

「三―五歳児の幼児教育について、無償化を段階的に推進する。」

日本の教育政策は、いよいよこれに正面から取り組む方針を明確にした（教育再生実行会議「今後の学制等の在り方について（第五次提言）」二〇一四年七月）。まさにこの時機を得て、「三歳から九歳まで」の、欧州で一足先に出された『シュタイナー教育基本指針』が翻訳紹介される。偶然ではない。この一〇年、ＯＥＣＤ（経済協力開発機構）が「スターティング・ストロング政策（Starting Strong）」を打ち出し、欧州各国は保育・幼児教育への公費支援を拡大してきた。すでに無償化に踏み出している国も多い中、日本は大きく出遅れていた。遅ればせながら、すべての乳幼児が、家庭の経済状況にかかわらず、十分な保育・教育を無償で受けられるようになるのは、歓迎すべきだろう。

スターティング・ストロング政策というのは、「人生の始まりこそ、力強く」というもので、生涯の土台をつくる幼少期の重要さを認識する立場からも注目したい。この政策そのものは、ＯＥＣＤの経済開発（ドライな経済コスト計算）に基づく。つまり、大人になってから納める税金負担額の向上、また健康保持や失業対策・犯罪防止などの社会保障コストを考慮すると、心身の健康や学ぶ力・生きる力の基礎を培う幼少期の保育・教育に、分厚く先行投資したほうが経済効率がよい、という調査結果に基づく政策である。「理念」ではなく「経済効率」に視点をおいた現実判断であるが、だからこそ、現在の日本の経済社会にあっても、幼児教育の無償化は現実味をもって政治スケジュール化されるに至っている。少子化対策や男女共同参画社会のロジックではクリアできなかった財源論の足枷を外すことができるからだ。私たちは、この現実の動向に、したたかにコミットすべき段階にきている。

②五歳児就学前教育の義務化

さて、しかし、ディレンマもある。幼児教育の無償化の推進は歓迎できるとしても、五歳児からの義務教育化はどうだろうか。この教育指針で扱っている「学校の学習への移行――適切な時期はいつか?」という大問題を、先行するドイツと同様、日本でも近々に抱えることになる。

先の教育再生実行会議は、「幼稚園、保育所及び認定こども園における五歳児の就学前教育について、より柔軟な新たな枠組みによる義務教育化」を提言している。その理由としては、「言語習得や心身の発達の早期化」と「小学校教育への接続(いわゆる「小一プロブレム」)」があげられている。すなわち、「学校」的な教育の開始時期を早めて五歳まで引き下げる方向がうかがえる。幼児教育と学校教育の段差を埋めるために、学校教育の準備を早期化して対応しようとしているのである。

シュタイナー教育基本指針の三歳から九歳までの子どもの発達のとらえ方は、この方向に対して、もう一つ別の観点を提供するものだ。「学校」的な知的作業を中心とする教育を急ぎすぎることに問題があるのではないか。早期教育が、安定した信頼感に支えられた自己肯定感が十分に育つことを阻むがゆえに、「小一プロブレム」などの問題が生じているのではないか。だとすれば、むしろ幼児教育で大切にすべき原理を七歳ぐらいまで引き延ばす（「学校」の学習への移行を遅らせる）方向で、幼小の接続連携を考えるべきではないか。

幼児教育の義務教育化が、幼児教育の学校化を意味するならば、それに対しては慎重であるべきだ。この問題をめぐっては、これから賛否両論の議論が活発になるだろう。『シュタイナー教育基本指針Ⅱ』が述べている子どもの発達観から学ぶところは多く、じつにタイムリーな意義がここにある。

③「学校」外の学び場の制度的保障

今後のことを考えると、もし、全体の趨勢が幼児教育の学校化の方向に進む場合、シュタイナー幼児教育とシュタイナー学校との接続連携は、ますます重要なものとなる。無償化の恩恵と引き換えに、現在あるシュタイナー幼稚園・子ども園・保育園が、学校教育法下の認可システムに巻き込まれていく可能性がある。それに対抗するために、学校外の多様な学び場で行う保育・教育も、教育義務を果たすものと認めさせ、公費の助成も得ていく道を切り開いていきたい。その運動はすでにはじまっている。

冒頭で見た「今後の学制等の在り方について」の提言は、幼児教育の無償化・義務化に続く次の項目で「フリースクールやインターナショナルスクールなどの学校外の教育機会の現状を踏まえ、その位置付けについて就学義務や公費負担の在り方を含め検討する」と明記している。それを受け、二〇一四年一一月二四日には、はじめて文部科学省主催の「フリースクール等フォーラム」が開催され、文科省講堂を埋める約五〇〇名が参集した。ＮＰＯ立のシュタイナー学校にも案内状が届き、全国から四〇名以上が参加。基調講演の一つ（永田佳之聖心女子大学教授）では、ユネスコスクールとして活動するＮＰＯ立シュタイナー学校が先進事例として紹介された。予断は許されないが、学校外の学び場が、制度的に保障される可能性が開けてきているのである。

二〇一〇年代という現在は、二〇世紀には一定の役割を果たした六・三・三制の一元的な学校教育制度が機能不全にあることを、ようやく政府・文部科学省も深刻に自覚し、学制そのものを「より柔軟な新たな枠組み」に更新すべく動きはじめた画期である。この転換期は、これから二〇年ぐらいはかかる緩やかな移行プロセスであろうが、そのような長いスパンで時代情勢を見るときにはじめて、シュタイナー幼児教育とシュタイナー学校の現時点での課題と可能性（歴史的必然性）が見えてくるように思われる。

シュタイナー教育の内への深まりと外への広がり

①学術的な信頼性――「健康生成論」と「レジリエンス」

この『シュタイナー教育基本指針Ⅱ』の大きな魅力は、現代の「健康生成論」という理論とリンクさせてシュタイナー教育の意義を説明しようとする点にある。入間カイ氏によれば、この指針を考案した意図の一つは、学術研究との連携だという。シュタイナー教育を、シュタイナーの独自理論に基づくものとして説明するだけでは、自家撞着であり、広がりを望めない。その点、この指針では、「健康生成論」や脳科学をはじめ、現代の新しい学術動向に目配りして、より一般的な科学・理論を積極的に援用しながら説明している。意義深い試みだと思う。

「健康生成論」という、近代西洋医学の病因除去的なアプローチに対する心身の全体的（ホリスティック）な健康を促進させていくアプローチへの着目は、その意味で成功している。北米では、この二〇年ほどの間に、東洋医術や代替医療のさまざまな処方が保険診療の対象になるなど社会的認知を得てきたが、それはその効用を学術的に検証していく努力の成果でもある。この潮流の中で、健康生成論は心身医療やストレス心理学の分野とともに発展してきた。とりわけ「レジリエンス」というキーワードは、近年の日本でも、とくに東日本大震災の後、人間支援科学の多くの研究分野で注目を集めている。

「ハーディネス（鋼のように硬い強さ）」に対する「レジリエンス（柳のようにしなやかな耐性）」。柳のように逆境にあってもなかなか折れないしなやかな強さを支えるのが、この「基本指針」が繰り返して強調している幼少期からの「コヒーレンス（信頼できる首尾一貫性）」。自分を取り巻く人や世界がいつも落ち着きがあり、無茶苦茶ではなく信頼できるものだ、という安定感、安心感。この、自分が信頼に足る世界と確かにつながっている、というコヒーレントな感覚こそが、理不尽なまでの困難（震災など）に直面しても、それを乗り越えていく折れない強さを支えるというのである。「セルフエスティーム（自己肯定感）」とともに、「コヒーレンス」や「レジリエンス」は、シュタイナー教育が何を子どもたちに育んでいるか、それを現代の教育・心理の学術界で共有している課題意識と結びつけて説明することができる用語で、説得力をもつだろう。

②シュタイナー教育の固有性と普遍性

「シュタイナー」という固有名詞で形容するよりも、「健康生成的な教育」の優れた実践事例としてシュタイナー教育がある、という形での方が公的な認知を得やすい。ちなみに『シュタイナー教育基本指針Ⅱ』の序文に「全体的（ホリスティック）な、持続性を考慮した教育法」という記述があるが、北米・カナダの州立トロント大学の教職大学院では、「ホリスティック教育の最善の事例の一つ」という位置づけで、公教育の現職教員研修にシュタイナー教育が取り入れられていた（なお、ホリスティック（holistic）とは、holosというギリシア語源からの造語だが、この語源の派生語には、全体（whole）のみならず、まさに健康（health）、癒し（heal）があり、さらには、聖性（holy）までが同じ語源を共有している。どれもシュタイナー教育の核心を表現していて興味深い）。

他方、このように国公立大学の教職課程に位置づくほどに公的社会や学術学会での受容が進む場合、逆に、シュタイナー教育のシュタイナーに固有のユニークな特質が薄められてしまうのではないか、という危惧が生じよう。また、トロントのような多文化社会ではキリスト教的要素が強くなりすぎることにも慎重であって（筆者がアシスタントをしていたシュタイナー学校のクラス担任はユダヤ人、児童のバックグラウンドはインド、中国、日本のアジア圏を含む六つの宗教文化にまたがっていた）、たとえば学校でも「クリスマス（降誕祭）」を全体で祝福することはしない。そこでは、次のような問いが繰り返し問われた。「それを欠いてはシュタイナー教育と呼べなくなるような必須のものとは何であるか。」アジアも含め世界中にシュタイナー学校が広まるにつれ、同じようにこの問いが深刻なものとなる。この多文化世界への対応という課題こそ、今般の「教育指針」が必要とされたもう一つの理由だと、入間氏はこの本の「あとがき」に記している。なるほど、首肯できる。

シュタイナー教育ならではの、なくてはならない独自のエッセンスと言えるものと、一般化したり理論化したりして公的社会に広めることのできるもの。個別のローカル文化に根ざして内発的に発展させるべき特質と、人類に普遍的なものとしてグローバルに共有してよい特質。両者のあいだの違いを見分ける眼力。この列島の風土文化におけるシュタイナー教育の展開においても、それを見極めていく眼が問われているのだろう。

③内への深まりと外への広がり

シュタイナー教育の日々の営みが、内への深まり（集中）と外への広がり（拡散）のリズムに彩られているように、社会運動としてのシュタイナー教育のムーブメントも、内への深まりと外への広がり、という双極的なリズムやバランスをもっている。だとすれば、日本の社会の中でシュタイナー幼稚園や学校をつくる営みが、内をあたため深めながら、外の社会とつながり根づいていくために、いま何が必要とされているだろうか。

「基本指針」なるものを言語化する必要に迫られた世界のシュタイナー教育運動が直面している課題を、日本の私たちもたしかに共有している。外なる社会に自らを開き、その動向としっかりと結びついていくこと。同時に、外の社会に適応するあまり、自らを見失わないようにすること。この両極的な志向を、対立するものととらえるよりも、呼吸するようにリズムよく両方の間をゆれ動き、バランスを取りつづけていきたい。まさにレジリエンス、しなやかに、したたかに。

シュタイナー教育を、その信奉者のサークル内で自己完結させてしまわないこと。異なる視点を提供してくれる外部の他者とたえず出会い、対話しながら自らも変容しつづけること。内を深めるためにこそ、外と出会うべきときがあり、逆に、外と対話できるためにも、内を耕すべきときがある。いま、日本のシュタイナー教育のバランスは、どちらに傾いているのだろう。

6 NPO立サステイナブルスクールの存在感と公益性
――ホールスクール・アプローチで培う学校文化

NPO立学校が活躍する文科省委託事業の研修会

二〇一六年九月から、面白いことがはじまった。全国から選定された国公立学校一九校と私立学校一校と並び、NPO立学校四校が加わった二四校が、文科省委託事業の研修会に集い、学び合いをはじめたのだ。各校の校長プラス担当教員が集まった第一回研修会では、ワイワイがやがやと全員が参加型ワークショップに汗だくで取り組み、最後に挨拶した文科省のキャリア担当官も興奮気味に、こんな校長参加の研修会は見たことがない、思い切って多様な学校を選定してもらってよかった、新しいことがはじまったという実感がある、応援していきたいと熱く語って喝采を浴びた。

それが他でもない、「ESD重点校形成事業〜輝け！サステイブルスクール」（文部科学省受託事業／ユネスコ・アジア文化センター主催）の研修会である。さすがユニークな基準で公募選定された二四校だと、参加者のアクティブな学ぶ姿に感じ入った。解説に入る前に、面白かったエピソードを二つ紹介する。

初回、スーツにネクタイ姿の参加者も多い中、NPO立校からの参加者（そもそも「校長」はいない）はみながとてもラフな格好。中でも、某校の汗かきなＮ先生は、ポロシャツに首かけタオル姿で究極のクールビズ。最初は、浮いてるかなとも思えたけど、ワークショップ「サステイナブルな校舎環境づくり」で、エネルギー・（冷暖房）電力節減が話題になると、これこそクーラーのない学校の日常実践を象徴している姿に映った。

ワークショップ「サステイナブルな学校運営」（ファシリテーターは筆者が担当）では、学校が工夫しているアイデアをシェアし合った。たとえば、紙の資料を節減するために全員がタブレットを持参することや、疲れる長い職員会議を短くする工夫（報告事項はポータル提示のみで省略等）をすること、会議外でのコミュニケーション促進のためにカフェ・コーナーを設置すること等々の事例が続く中、シュタイナー学校の先生からは、教員会議中に皆で歌をうたう、教員同士でお誕生日を祝い合う、といった工夫（いつも当たり前にしていることだけれど）が出て、「そんなのもアリか！」と大いにうけていた。

京田辺と横浜と東京賢治の三つのシュタイナー学校（そして、残るもう一つのＮＰＯ立の箕面こどもの森学園）の先生は、研修会の度に持ち味を出していて、もはやサステイナブルスクールの仲間にとってなくてはならない存在だ。また、その異質な個性（？）を受け入れて学び合うことのできる一般校の先生たちも、大したものだと敬意を抱いている。

では、どうしてこういう素敵な二四校が集まることができたのか。

「サステイナブルスクール」とは

以下、この「ＥＳＤ重点校形成事業」の事業推進委員として、選考基準の作成や審査、研修の企画を担ってきた立場から、「サステイナブルスクール」について紹介したい。そのうえで最後に、京田辺の学校づくりにかかわった一人として、今の思いの一端を語ってみたい。

ユネスコ・アジア文化センター（以下、ＡＣＣＵ）が文部科学省から受託している日本／ユネスコパートナーシップ事業の中で、「ユネスコスクール」だけでなく、新たに「サステイナブルスクール」とよぶＥＳＤ重点校を公募して選定しよう、そしてそれを支援し育成しよう、という企画に公費助成が付いたのは、二〇一六年の春。縁あって、その事業を推進する委員を委嘱された。最初の会合で、次のような二つの要望を出した。①一条校に限らずＮＰＯ立のような教育機関も含んだ多様な校種を募集対象とすること。②思い切って既成の枠に収まらない刷新的な選考基準をつくって、潜在力の高い魅力的な学校を集めること。この二つの要望は、歓迎された。というのも、「ユネスコスクール」が一〇〇〇校を超えるまでに量的に拡大した一方、一つひとつの学校のクオリティが疑問視される状況があったから。「サステイナブルスクール」には、その二番煎じにならず、むしろユネスコスクールを牽引していくような先導的な役割が期待されていたのである。

八つのコンセプト（選考基準）

そして決まった選考基準は、次の八つである。この基準は、選定後もサステイナブルスクールとして大切にすべき方向を示すコンセプトであるので、研修会であらためて共有した。その際、ポイントを紹介する役割は筆者が担当し、次のような点を強調した。

1．ビジョン（Vision）
「ビジョン」は、「達成目標」（Goal/End）ではない。到達地点ではなく、追い求めていく方向性。数値化できない、ビジュアルなイメージ（まさに「夢（dream）」のように）。自分の外から与えられるものではなく、自分の中から湧き上がってくるもの。

2．継続性（Continuity）
一時の流行ではなく、持続する不易なるもの。熱心な先生が異動になっても学校として続けていく意志と体制があるか。持続可能な社会をつくる以前に、学校の日々の教育活動そのものが持続可能かどうか。

3．総合性・バランス（Integration）
教育活動の全体の中に、ESDのさまざまな側面がバランスよく統合されているか。教科の中の断片的な知識ではなく、有機的に関連づけられた総合的な学びとなっているか。

4．前に踏み出す（Empowerment）
外からの要請ではなく、自らの内発的な力にしたがって前に踏み出しているか。外発的ではなく、内発的な展開。支援がなくなっても、あとは自ら前へ進んでいける力を得る。

5．刷新性（Innovation）

既存の社会に適応する力ではなく、未来の社会を創造する力。既存の枠組み、見方・考え方、方向性そのものを刷新し、転換する。ＥＳＤは、教育の再方向づけ（Re-Orientation）。

6．協働（Collaboration）

教師の間での協働、児童生徒や保護者との協働、多様なステークホルダー（地域、家庭、ＮＧＯ/ＮＰＯ、企業）との協働。国内や国外の学校と相互に連携し学び合う活動も積極的に展開している。

7．変容（Transformation）

学ぶということは、自分が変わるということ。「変容」とは、深い変化である。連続的に右肩上がりで成長する変化というよりも、変化の前と後とで、自分が変わり、ライフスタイルが変わり、価値や態度が変わるような深い学び。

8．広がり（汎用性）（Scalable/Replicable）

自校の実践を自校だけにとどめず、他の学校でも活用することができるように、積極的に共有して広める活動。一般化したり理論化したりする取り組みに参加しているか。

この八つの基準を公募要項に明記したので、応募してきた学校は、これを念頭において実践を紹介する書類を整えていた。審査委員の五名が各々、基準ごとに申請書類を採点した結果、五人の間のバラつきは少なく、スムーズに二四校が選ばれた。応募した四つのＮＰＯ立の学校は、この基準にマッチして当然のように上位での入選となり、存在感を示した。イノベーションや変容を生み出すビジョンが明確であり、それを実現するために自発的に前に踏み出し、学校ぐるみで協働している学校だからである。

「ホールスクール（機関包括型）アプローチ」

それから一年余りが経過した。今年に入って二月と七月の二回の研修会で、自分たちのＥＳＤを「ホールスクール（機関包括型）アプローチ」でデザインするワークをした。〈図３〉のようなデザインシートに、これまでの、そしてこれからの取り組みを記入し、学校全体で取り組むＥＳＤへのアプローチを可視化する。これは、ユネスコ本部が推進する気候変動をテーマにした国際協働プロジェクトの指針をベースに、私たちがアレンジしたオリジナル・バージョンである。この国際プロジェクトに日本からは、サステイナブルスクール二四校のうち本校を含む一〇校が参加。さらに、昨年一一月にセネガルであった国際会議に、横浜シュタイナー学園の英語の先生が日本代表で出席した。その報告（演劇仕込みのプレゼン！）も見事で、持ち帰った指針を発展的に受け継ぐ契機となった。

このデザインシートは、一般の公教育学校にとっては、学校は上から与えられるものではなく、すべての構成員が学校ぐるみでビジョンからデザインまで創り出すものだということを学ぶツー

図3　「ホールスクールアプローチ」デザインシート

ルとなっている。「親と教師がともに創り続ける学校」である京田辺シュタイナー学校にとっては、開校以来ずっと大事してきたことだろう。つまり、この図の四象限の、右上の「教室内外の学び」は教師会が専ら担うけれど、「学校の運営」も「設備と環境」も「地域との連携」も、京田辺では保護者が教員と協力し合って担っている。

サステイナブルスクールでは、授業の中にＥＳＤを取り入れる、というのは四分の一に過ぎない。むしろそれ以外の四分の三を含めた学校づくりの全体の中に、サステイナブルな価値や行動様式を浸透させていくことこそ、本当に持続可能な学校になっていくために大事だと強調されているわけだ。それをユネスコのＥＳＤ推進方針では、わざわざ「ホールスクール（機関包括型）アプローチ」とよんで、ホットに取り組もうとしている。

サステイナブルな学校文化を培う

もう一つ、この〈図3〉の下段に「サステイナブルな学校文化（School culture of sustainability）」と記されていることにも注目してほしい。あれやこれやのESDの実践が地道に積み重ねられていって、結局のところ「ああ、学校の中に、何かしら、サステイナブルな文化と呼べるようなものが培われたね」と言えるところまでたどり着いたとき、そのときにやっと本物になる、という感じのことだととらえている。「経済」や「政治」の次元だけではなく、「文化」（価値や精神）の次元が、ESDの教育を根底で支えるものであることを、ユネスコはしっかり見据えている。(8)

このようにサステイナブルスクールは、シュタイナー学校が大事にしているものと響き合うところが驚くほど多い。イギリスのサステイナブルスクール（アシュレイ校）の以下の七原則もそうだ。

①円・サイクルの原則、②相互依存の原則、③幾何学の原則、④多様性の原則、⑤適応の原則、⑥健康の原則、⑦一体性の原則。

これら七原則とシュタイナー教育との関連について、京田辺シュタイナー学校の中村真理子先生は、公教育学校の先生たちにも発信できるように整理したレポートを自ら作成した。これから

(8)　この点は、紙幅の関係で詳細は以下を参照。日本ホリスティック教育協会・永田佳之・吉田敦彦（編）『持続可能な教育と文化——深化する環太平洋のESD』せせらぎ出版、二〇〇八年。およびACCU『キラリ発信！サステイナブルスクール——ホールスクールアプローチで描く未来の学校』（ホームページからダウンロード可）六二頁。

の研修会などの折に、広く共有していくことができる。

サステイナブルスクールの仲間に入った意義

最後に、京田辺シュタイナー学校のようなNPO立の学校が、サステイナブルスクールの仲間に入った意義について、以下に三点まとめておこう。

① 文部科学省の委託事業の中で、国公私立とNPO立の学校が、垣根を越えて学び合う貴重な機会ができた。そこではNPO立のシュタイナー学校において、参加した先生が自然体で活躍していて、存在感のある役割を果たしていること。お互いの学校を訪問し合って学び合うこともはじまっている。

② サステイナブルスクールの指針の一つが「ホールスクール（機関包括型）アプローチ」。それは本校の「親と教師がともに創り続ける学校」という校是と重なり合う。サステイナブルスクールとしての学校づくりは、保護者の担えることも多い。構成メンバー全員での運営はもちろん、校舎校庭などの環境づくり、地域に根ざした学校など、みんなでできるところから取り組んで、じっくり時間をかけて「サステイナブルな学校文化」とよべるような熟成した文化を培っていきたい。

③ この京田辺の地で行われているシュタイナー教育の経験を、ここだけのものにとどめておくのは勿体ない。京田辺シュタイナー学校は、もはや、わが子のため、自分たちの子どもの

ためだけの学校ではなく、実例でもって広く社会に貢献できる公益性をもった存在に成長してきた。学校の中だけに目を向けていると、まだまだ不十分なところもあれこれと見えることだろう。でも他方で、世界に目を向け、日本の教育を刷新していく大きな流れにまで視野を広げてみると、ここでこれまで蓄積してきた経験知は、とても貴重なものだ。それを他の公教育学校とも分かち合えるよう、サステイナブルスクールの仲間のようなつながりを、少しずつでも育んでいきたい。制約の多い条件の中でも果敢にチャレンジしているいくつもの公教育学校から、私たちが学ぶこともまた多い。

パブリックに開かれた学び合いの中で、本校が公共性を高め、この社会の中に根を下ろした存在となること。それは、本校自身の成長のプロセスにあって、ある時点から、すでに大切な課題になっているように思う。あるいは最初から、いずれそうして未来を創造する存在になるのが、大切なミッションであったのかもしれない。

7　ESDへのホリスティック・アプローチ——文化・変容・ケア

「国連ESD一〇年（持続可能な開発のための教育）の一〇年（二〇〇五～一四年）」の特に後半から「ポストESD一〇年」に入った現在にかけて、ESDの「ホリスティック」な特徴がユネスコの各種会議や先進スクールでますます強調され、世界各地で実践に移されている。そのことを、永田佳之・曽我幸代は、『新たな時代のESD　サスティナブルな学校を創ろう——世界のホールスクールから学ぶ』（明石書店、二〇一七年）において、国際ドキュメントを詳細に検証しながら明らかにしている。通読すれば、「ホリスティック教育/ケア研究」という課題が、いかに二一世紀前半の国際社会の歴史的動向に即応するものであるか、説得力をもって理解できる。

ここでは同書に依拠して、三つの観点、すなわち「ホールスクール・アプローチ」「ESDのエッセンスとしての文化と変容」「サスティナブルスクールの中心概念であるケア」という観点から、その意義を確認したい。

ホールスクールアプローチ

まず、「ホールスクール・アプローチ」。これは、ESD一〇年の成果を踏まえ、今後の課題としてユネスコが議論を重ねて提唱した方針（GAP：グローバル・アクション・プログラム）において、「機関包括型（Whole Institutional）アプローチ」――学校という教育機関では「ホールスクール・アプローチ」とよばれる――として提示され、現在では広く国際的に共有されてきた。

曽我は、「ホールスクールの「ホール」の語源は「ホリスティック」に通じます。その意味するところは「トータル」と同じように思えたとしても根幹を異にします」と述べ、それが断片的な部分の総和（トータル）以上の、質的に新たな変容を生み出す全体性であることに注意を促している。つまり、ＥＳＤ一〇年のあいだに、カリキュラム（日本の場合は学習指導要領）の中に環境問題やエネルギー問題など持続可能な社会に向けた教育内容が組み込まれ、授業の中に態度や行動を学ぶ参加型の学習方法（アクティブ・ラーニングなど）が取り入れられてきた。たしかにそれは進展であったが、多くの場合、全体としての学校のデザインや方向づけは変わらないまま、あれこれの単発のプログラムが加算されるにとどまる傾向があった。今後は、学校の方向づけ（ビジョン）そのものを据え直し、学校生活のあり方がまるごと変容していくようなアプローチが求められる。

その具体的な事例も豊富にあげられている。どんなエネルギー源の電気をどのように使用しているか（例、アシュレイスクール）、給食で、どう育てた食材をどのように食し堆肥化しているか（例、自由学園）、生徒や教師のタスクの量やスピードには、持続可能なゆとりや愉しみがあるか（例、永田台小学校）等々を問いかけ、できるところから学校ぐるみで見直していく（できなければ、それが何故なのかを学ぶ）、といった事例である。

授業で何を教え、子どもにどんな能力を身につけさせるか、という観点だけでなく、日々の学校の中で、持続不可能なライフスタイル・暮らし方を少しでも変容させていく。それに取り組む大人たちの、いわば後ろ姿から子どもたちが学ぶとき、本物の学びになる。むしろ、なかなか変容できない大人よりも、柔軟に新たな価値や行動様式に馴染んでいく子どもの姿から、大人たちが学ぶことも大きいかもしれない。

それは、次に見るように、既存の「学校文化」の文化そのものの変容をめざすことにつながる。

ＥＳＤのエッセンスとしての「文化」と「変容」

永田は、ＥＳＤ一〇年の前半から日本ホリスティック教育協会が「持続可能な社会を形成する三本柱である環境・社会・経済を根底から支えるのは、それらの柱をつくる人間の価値観を醸成している「文化」であるという認識」を主唱してきたこと（二〇〇七年八月日本ホリスティック教育協会・ユネスコアジア文化センター共催、ＥＳＤ環太平洋国際会議で提唱）[9]に言及しつつ、この認識が国際社会でも共有されてきたことを紹介している。たとえば、そのモデルの中核に「文化」を位置づけた南オーストラリアの「ＥｆＳ（Education for Sustainability）モデル」、先住民（マオリ）の伝承文化とグローバル化する文明の共存を模索する二文化主義のニュージーランドにおける「渦巻きモデル」など。そして文化は、「脱計画性」、つまり成果主義的な目標志向（「目標⇩計画」）よりも、伝承されてきた文化の〈今・ここ〉での内発的な展開を重視するプロセス志向（「方向性

〈ビジョン〉⇩デザイン〉〉のアプローチによって醸成されることも強調する。

加えて、「変容（トランスフォーメーション）」がキーワードとして浮上しているのも、近年のESDの顕著な特徴であることが随所で論及されている。よく知られているように、ホリスティック教育論は、「伝達（トランスミッション）」「交流（トランスアクション）」に加えて「自己変容」の深さの次元に早くから着目し、ESDにおいても、「浅い持続可能性」に対する「深い持続可能性」を探求してきた。

ESDの中心概念に浮上する「ケア」

さて、三つ目の「ケア」について。二〇一七年に創設された「ホリスティック教育／ケア学会」のチャレンジの一つは、教育をホリスティックにとらえたときに、必然的にクロスオーバーする「ケア」との融合的な新領域の創成であるが、ホールスクール・アプローチによるサステイナブルな学校づくりの中核に、他ならぬ「ケア」の概念が位置づいていることに同書は、繰り返し言及している。

とくに触発的なのは、英国ブレア政権時の「二〇二〇年までに全公立学校をサスティナブルス

（9）この国際会議の記録は、日本ホリスティック教育協会・永田佳之・吉田敦彦（編）『持続可能な教育と文化——深化する環太平洋のESD』せせらぎ出版、二〇〇八年に収録。

クールにする」という政策で、その「ナショナル・フレームワーク」関連文書には、「サスティナブルスクールは、「ケア」を学校文化の中心とする学校である」と明記されていることだ。「自分自身へのケア（健康とウェルビーイング）、相互のケア（文化、距離、世代を超える）、環境へのケア（地域的にも地球規模にも）」という三つのケアを取り出し、それらを学校自体が「ケアリングの場」となることによって育む、という基本フレームを提示している。

私たちの暮らしが持続可能なものになるためには、自分自身を大切にすることができ、目の前にいる人のことも、遠く離れたところにいる人のことも、自文化の人だけでなく異なる文化をもつ人のことも気づかい、そして自分の世代と同じように将来の世代の人のことをもケアできるような、さらには、人間だけでなくこの地域の、そして地球の環境のことにも配慮できるような、そのようなケアの精神が必要となる。だから、子どもたちが日々通う学校の中で、このようなケアが大事にされる校風（スクール文化）をつくるのが、ＥＳＤの大前提になるというわけだ。同書では、イギリスの公立サステイナブルスクールの代表例として、クリスピン校とアシュレイ校を詳しく紹介していて、説得力がある。

持続困難で予見不可能な時代に向け、新たな価値と生き方を切り拓くことができるか。新学習指導要領では「浅いアクティブラーニング」を深化すべく、「主体的・対話的で深い学び」を掲げた。ＥＳＤに限らず、深められた変容を生み出すホールスクール・アプローチが求められる今日、理論的にも実践的にも同書から学ぶことは多い。

初出一覧

第１節　「京田辺からの風　第一九回」『めたもるふぉーぜ』№一八一、二〇一〇年三月。

第２節　「オルタナティブ教育機関との連携」山野則子・野田正人・半羽利美佳（編著）『よくわかるスクールソーシャルワーク』ミネルヴァ書房、二〇一二年。

第３節　「日本シュタイナー学校協会創設の意義――学校づくりムーブメントの30年を振り返って」『京田辺シュタイナー学校報 Planets』№七八、二〇一四年三月。

第４節　「既存の制度が起点となるのではなく、市民が起点となる学び場作りへ」『ウォロ』大阪ボランティア協会、二〇一五年六月。
「オルタナティブスクールの観点から――公民連携で中間支援の組織づくりへ」フリースクール全国ネットワーク・多様な学び保障法を実現する会（編）『教育機会確保法の誕生――子どもが安心して学び育つ』東京シューレ出版、二〇一七年。

第５節　「解題」ライナー・パツラフ、ヴォルフガング・ザスマンスハウゼン（著）入間カイ（訳）『シュタイナー教育基本指針Ⅱ――三歳から九歳まで』水声社、二〇一五年。

第６節　「ＮＰＯ立学校の存在感と公益性――ホールスクールアプローチで培う持続可能な学校文化」『京田辺シュタイナー学校報　Planets』№八九、二〇一七年一二月。

第７節　「書評（永田佳之・曽我幸代（編著訳）『新たな時代のＥＳＤ　サステイナブルな学校を創ろう――世界のホールスクールから学ぶ』明石書店、二〇一七年）」『ホリスティック教育／ケア研究』第二一号、二〇一八年。

第4章　【旅の途上で】ホリスティックなヴィジョンの新たな展開

――ケア・福祉との協働へ

第4章では、もうひとつの教育のあり方を問い続けて、大学という現場で教育と研究の仕事をしてきたその道の途上で、たどりついた地点を確かめておきたい。それは、学部教育としては「教育福祉学類」、学術研究としては「ホリスティック教育/ケア学会」という形をとって結実している。その新設を発案した「教育福祉学類」は、学校教員の養成を主に担う教育学部の枠を超え、尊厳ある人間の生活と存在を支えるケア、福祉、教育を包括的に学ぶ新しい学部/学科である。三〇—四〇歳代の中堅若手が発起人となって創設した「日本ホリスティック教育/ケア学会」は、従来の教育学のフレームをよりホリスティックに開き深めたときに必然的に出会うケアの次元を包摂した新たな学問領域の開拓を期している。近代の学校と教育のあり方をホリスティックに問い直すとき、そこに拓かれる地平には、より多くの知識や技能の獲得、より高いところへの成長や発達を促す教育を超えて、どんな人も、そこにありのままに存在していること自体のもつ意味や価値、存在へのケアや魂へのケアといった次元が含まれてくる。そのような次元へのまなざしは、看護や福祉といった他のヒューマンケアの専門職の人たちから学ぶところが多い。本章では、こうしたケア・福祉と教育の協働を予感するような論考を編んで、次世代にバトンを渡していきたい。

1　ケアリング——ホリスティックな教育と医療の原点

人間と教育の原点——ケアリング

子どもがあなたの手をつかんだとき、そのふれ合いに応えるがよい。……他者そのものに自己を向け、他者そのものに自己を関わらせる者のみが、自己のなかに〈世界〉を受け取る。
（M・ブーバー）[1]

本当は、それほど難しいことではないはずだ。目の前にいるあなたが、私にまなざしを向けるとき、そのまなざしを受けとめて、それに応えようとする。今ここで出会う一人ひとりのあなたに、心を向けていく。心ここにあらず、ではなくて。

そうして向き合う小さな一つひとつの出会いの中で、生命がいのちに出会う。私の中に、あなたの中に、〈いのち（世界）〉がはたらく。私とあなたのあいだに、〈いのち〉が通う。そして、〈いのち（世界）〉が、私をしてあなたに向かわせる。[2]

（1）　M・ブーバー（著）植田重雄（訳）『我と汝・対話』岩波書店、一九七九年。
（2）　ブーバーにおける〈世界〉と〈いのち〉との互換的な関係などについて、詳しくは拙著『ブーバー対話論とホリスティック教育——他者・呼びかけ・応答』勁草書房、二〇〇七年を参照。

このように「心を寄せること」が「ケアリング」とよばれ、海のこちらでも向こうでも、注目されるようになってきた。「ケア」という英語は、向こうの人たちにとっても「心くばり」「心配」「世話」「配慮」「関心」といった素朴な日常語だ。でもそれが素朴で自然ではなく、ことさらに強調して見直さなければならないような時代を、私たちは生きている。教育学はもちろん、倫理学、心理学、医学・看護学、社会福祉学など、他者にかかわる人間の実践的な領域のあらゆるところで「ケア」や「ケアリング」がキーワードになってきている。

それは近代が行き着いた現代において、啓蒙近代にはじまる合理的で自律的な人間理解の片寄りが自覚されるのに呼応している。この世に生まれてきた私たちが、今こうして生きている。こうして生きていることができたのは、誕生して間もなく見捨てられたのではなく、誰かが親身に心を寄せて世話をしてくれたからである。私たち人間は、どんな人でも誰かのケアを絶対的に必要とする赤ちゃんとして生まれてきた。これはロマンティックでセンチメンタルな観念論ではなく、冷厳な事実に他ならない。ここに事実としての人間のリアルな原点があり、教育の原点がある（それは単に哺乳類に属するもの一般の特徴というよりも、生理学的に見ると一〇か月も早産で生まれてくる未熟児状態が常態化した人類という特異な種の、極めて人間的な特徴である）。

そして人間がケアリングを前提とするのは、何も乳幼児のときだけではなく、子どもから大人になるプロセスにおいて、そして大人になってからも、そして年老いてまた一層、そうなのである。完全に独立した自律的人間などは現実にはありえず、常に支え合う何ほどかの相互依存の中でこそ、人間が人間たりえる。そのような支え合うかかわりの自覚が、意識的なケアリングを生み出し、向かい合う他者の成長を願う教育などの営みの、もっとも基本的な基盤となる。素朴ではあるが、それだけに軽視されがちな、このケアリングという原点に、いま私たちは自覚的に立ち返っていきたい。

J・ミラー氏の『ホリスティック教育――いのちのつながりを求めて』(吉田敦彦〈訳〉春秋社、一九九四年)でも、さまざまなつながりを生み出す教育課程や方法を紹介したあと、最後の章で、これらの方法は、教師の存在そのもののあり方にかかっているとして、ケアリングについて詳しく述べられている。ホリスティック教育の根源は、「本来性／真実性と心くばり／ケアリングとをもっている教師の自覚そのものの中にある」と強調されている。

それゆえ、日本ホリスティック教育協会の創設に向けて発行する『季刊 ホリスティック教育』創刊号(一九九六年)では、他ならぬ「ケアリング」を特集して、人間と教育のこの原点を確かめ合うことから出発したい。目の前にいるあなたに、心をまっすぐに向けて手を差し出すという、素朴であたりまえのようなことが、簡単そうで実は一番難しい、そんな時代を私たちは生きているようだから。(3)

(3) この時代認識について、拙稿「人類史的な問いとしてのケア」『ケアと人間――心理・教育・宗教』ミネルヴァ書房、二〇一三年を参照。

ホリスティックな医療と教育の連携――ケアリングを中心に

一九九七年一一月、日本ホリスティック医学協会の設立一〇周年を記念するシンポジウム（於：有楽町マリオン朝日ホール）が開かれた。ホリスティックな視点を分かち合う教育の分野と医療の分野、そして企業経営の分野が連携するためのパネルディスカッションも開かれ、筆者がパネラーとして提案したので報告しておきたい。

日本ホリスティック教育協会を創設したばかりの私たちにとって、ホリスティック医学協会はちょうど一〇年の大先輩。教育協会の設立にあたっても、医学協会の賛同・協力をいただいた。ホリスティック教育に関心を寄せたきっかけが、ホリスティック医学だったという人も多い。筆者の場合も、近代学校教育に代わるオルタナティブな教育をフィールドにしてきて、九〇年代に入って北米のホリスティック教育に出会うわけだが、日本でも「ホリスティック」がキーワードになると確信するには、生まれた長男のアトピー性皮膚炎を通して出会った日本のホリスティック医学の活動が決定的だった。ステロイド剤を塗る対症療法ではなく、暮らしそのものから全体的に対応するホリスティック・アプローチによって、おかげさまで見事にアトピーは根治できた。

そういうわけで、この度、日本で分野を越えた「ホリスティック」の連携を模索するシンポジウムが実現したことは、感慨深いものがあった。「ホリスティック」というカタカナ言葉には、次の三つの連携を進められる「つなぎ言葉」としての意義があると思う。①洋の東西をつなぐグローバルな連携、②さまざまな社会的活動分野（医療、教育、経営、看護、エコロジーなどの市民運動）の連携、③ポスト近代科学的な、現代諸科学（一般システム論、複雑系、オートポイエーシスなど）の連携。この二日間のシンポジウムでは、とくにこの二つめと三つめの意義に焦点が当たっていた。

筆者も、ホリスティックな医療と教育の連携について〈図４〉を示して会場の方々に呼びかけた。近代の医療と教育は、〈図４〉の上三分の一の三角の部分、「キュアリング（治療）」と「ティーチング（知識・技能の伝達）」だけを強調しがちだ。しかし、ボディ、ハート、マインド、スピリットの全体的なかかわりを重視するホリスティックな観点では、下の土台の部分の「ケアリング」や「ヒーリング」の部分で医療と教育は重なり合う。とりわけ心（ハート）の核心にあるケアリングを中心として、ここで連携しながらそれぞれの役割を担い、総じてホリスティックな人間形成という共通の目的へ向けて歩んでいくことができる。

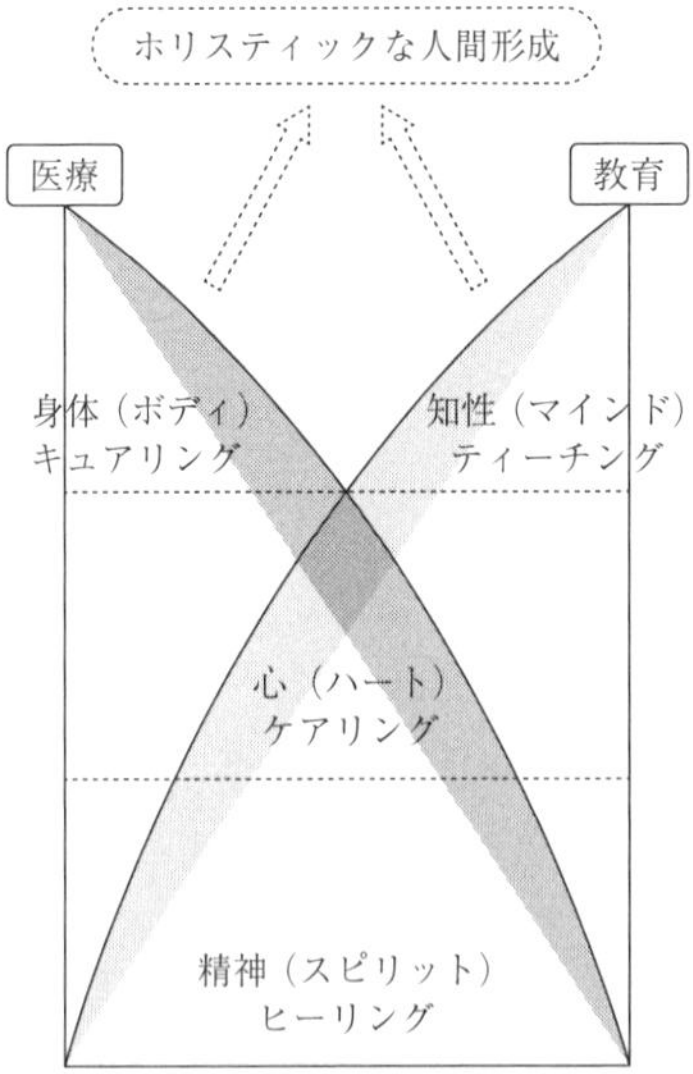

図４　ホリスティックな医療と教育の連携

手がかりとしては、時代の要請からアクセスしやすい「心の教育」と「生涯学習」をあげた。心を心だけで扱って教えるのではなく、心と身体、心と知性、そして心と精神性をつなげていく「つながる心の教育」、そして教育を学校の中だけのものとしてとらえるのではなく、「いつでも、どこでも、誰とでも」学ぶ生涯学習。このようにとらえ直すと、ホリスティック医学のさまざまな蓄積を、教育と連携しながら活かしていく道が見えてくるのではないか。心療内科や予防医療など、医学協会の参加者の取り組みと響き合って、積極的な応答があった。

最先端の現代諸科学との連携をテーマにした一日目のシンポジウムも、水準の高いものだった。基調講演のアメリカ国立衛生研究所の初代副室長エスキナッチ博士は、代替（オルタナティブ）医療（たとえば東洋医療）を保険のきくものにしてきた経験から、それを「科学的」に研究する意義を語られた。司会を務めたNHK解説委員・ディレクターの小出五郎氏、「人間を全体的にみるとは――脳・脳死・宇宙研究の最前線からみえてくるもの」というテーマで講演した立花隆氏、NASAでも活躍した宇宙物理学者の佐治晴夫氏も、ホリスティック・アプローチの科学的説得力という課題意識を共有していた。

課題はまだまだ多いことも痛感しつつ、その一方で、ホリスティックな考え方が、試行錯誤の中で地道に、次の時代へ向けての歩みを進めていることが実感でき、勇気づけられた。容易でない道を、一足先に切り拓いているホリスティック医学協会に、心からの敬意と感謝を送りたい。

2 ケアの三つの位相 ——〈ひとり〉と〈みんな〉のあいだの〈ふたり〉

〈ひとり〉と〈みんな〉のあいだの〈ふたり〉

「ひとりはみんなのために、みんなはひとりのために」。よく耳にする標語だが、言うは易く、行うは難し。その理由は、ここで大事なことが見落とされているからではないか。「あなた」との「ふたり」の次元が……。

今ここにいるあなたの、その痛みや渇きや願いや求めに応じて、この手を差し出すこと。「ケア」の営みの原点は、この向かい合う〈ふたり〉の「ケアリング」関係にあるのではないか。それは、人間が人間であることの原点・基本であると言えるほどの重みをもつこと。同時に、ケアリング関係を一面的に美化したり称揚したりすることなく、ときには逃げ出したくなるような重荷ともなる「ケアリングの両義性」をしっかり見据えること。そこから〈ふたり〉の関係に完結させるのではない、〈ひとり〉で立ち、〈みんな〉で支えることの意義をも考えていくことができる。

ケアリング関係で向かい合う〈ふたり〉というのは、いつも同じ二人だけの関係である必要はないし、そうであれば重苦しくもある。いろいろな人が、いろいろな場面で、二人ずつのケアリング関係を結んでいけるようにする。そのためには、〈みんな〉で支え合うことのできる仲間や組織や制度、ネットワークやコミュニティやシステムが必要になる。あるいは、いつも同じ二人だけの関係であれば、息が詰まることもあるだろう。

静かに〈ひとり〉でいたくなるときもある。自分がしたいこともある。〈ひとり〉になることができるから、むしろ必要なときに、必要な人に対して、ケアリングの関係に入れるのだとも言える。しがらみの中でもたれ合ったままでは、ふさわしいケアリングは難しくなってしまうだろう。自分の足で立つことができるから、手を差し出すこともできる。

立ち方、つながり方、つながりの支え方。ケアとケアリングの主題は、こういったことを問いかけてくる。この問いを探るために、ケアの三つの位相、すなわち、〈ひとり〉／〈みんな〉／〈ふたり〉、自己とのつながり／社会とのつながり／他者とのつながり、あるいは個人化／社会化／ケアリングといった三位相を考え、その位相間の関係性を問うていくことが有効だと思う。また今日、それがとても必要とされている。

「ひとりはみんなのために、みんなはひとりのために」という標語が見落としていた「あなた」とのつながり。あるいは、個人主義か集団主義か、自己実現か社会適応か、といった両極端の二者択一の間で陥没している〈ふたり〉の次元。この二人ずつの次元を取り戻すことが、両極にふれる振り子に振り回されることなく、また、その両極のどちらをも否定することなく、両方を適切な関係にもっていくための拠点（支点）となるのではないか。

「あなた」との〈ふたり〉の次元の意義をラディカルに思想化した、ケアリング論でもよく参照される人に、「我と汝」や「対話」の思想家ブーバーがいる。詳しくは後述するが、彼は、人間を理解する際の基本的な単位は「個人」でも「社会」でもなく、「向かい合う二人」だと明言する。そして、個人は、プライマリーな原基である「二人ずつ存在」から距離をとって一人となったところに生じる二次的な派生単位であり、全体社会は、この二人ずつの単位によって編成されているかぎり、あるいは、その社会の中で二人ずつの関係が活かされているかぎりで、はじめて生きた社会となる、と述べている。(4)

とすれば、ケアを主題とするにあたって、人間の三つの位相、すなわち（i）他者とのつながり、（ii）社会とのつながり、（iii）自己とのつながりを区別して整理したうえで、それぞれのあいだの相互補完的な関係、とくに〈他者とのつながり〉を基本に据えた関係のあり方を問うことが重要だろう。後論に見通しを得るために、まず三つの位相のキーワードだけを列挙しておく。

（i）他者とのつながり：ケアリング、ケアの倫理、二人称の他者、呼びかけと応答、受容と共感、葛藤と確執、重荷と責任、感情労働、異質な他者、出会いと対話、など。

（ii）社会とのつながり：ケア・システム、正義の倫理、社会保障システム、公的政策・制度、ケア産業、ケア労働、コミュニティ、ネットワーク、NPO／NGO、など。

（iii）自己とのつながり：セルフ・ケア、かかわりへの自立、巻き込まれることと距離をとる

（4）以下、ブーバーの議論については、拙著『ブーバー対話論とホリスティック教育――他者・呼びかけ・応答』勁草書房、二〇〇七年、とくに第五章を参照。

こと、共依存、共感疲労、エゴとセルフ、深層の自己、スピリチュアリティ、など。

以下、主としてケアリング教育学の提唱者N・ノディングスとM・ブーバーの論を踏まえつつ、〈他者とのつながり〉の位相、すなわち原基としてのケアリング関係を中心にして、それと他の二つ、〈社会とのつながり〉と〈自己とのつながり〉の位相との補完的なかかわりを考えてみたい。

ケアリングと社会とのつながり——ノディングスのケアリング論より

①社会正義（男性性）とケアリング倫理（女性性）のあいだで

看護・医療・福祉の領域でも教育の領域でも、「ケアリング」という用語は、より広い「ケア」という概念に対して、ケアする人とケアされる人との向かい合う二人の心情面も伴った行為関係に狭く限定して用いられる。なぜ、取り立ててこの〈ふたり〉の関係を概念化したのか、その「ケアリング」のもつ意義、その適切に限定すべき、しかしやはり十分に重視すべき意義を、ここではノディングスの議論(5)を通して確認していきたい。

ノディングスのケアリング論に対しては、批判や異論——ケアリング関係の共感や喜びや成長といった積極面の過剰な賞賛、ケアリングの辛さや重荷の軽視、ケアを制度化する意義への認識の甘さ、といった指摘がある。とりわけバーンアウトも多い「感情労働」でもあるケアを支える社会システムが焦眉の課題になっている今日、これらには重要な指摘も含まれるので、以下少し丁寧に、ケアリング論の社会的な次元との絡みを重点的に見ていく。

ノディングスの議論は、Ｌ・コールバーグの道徳性の発達段階説に対するＣ・ギリガンの異議を倫理学的・教育学的に洗練したものである。コールバーグによれば、道徳性の発達は、罰への恐怖心やエゴイズムの段階から、目の前の他者を思いやる段階へ、さらに、社会のルールや法規を遵守して自己コントロールする段階を経て、より普遍的な正義や倫理指針を内面化して行動できる最高の段階へ進むとされる。[6] この段階説を一般化すれば、身近な他者への「思いやり」にとどまりがちな人（女性に多いとされる）は道徳性が低く、社会の規範や正義を優先できる人（男性に多いとされる）の方が道徳性が高いことになる。それに対してギリガンは、この道徳発達の物差しが男性中心社会のものであり、たとえば妊娠中絶についての面談調査などから、女性が大切にする判断基準も、もうひとつの別の基準として尊重されるべきだと主張した。[7] ノディングスは、この主張をさらに展開して、身近な他者への「思いやり」を、「社会正義」よりもむしろ倫理の基本に据えるべきだとして、ケアリング倫理学なるものを構想したのである。歴史的には性別役割もあって、現時点では女性の方がケアの実践面でも道徳面でも高い力をもつ傾向のあることを

（5）以下のノディングスの議論については、次を参照。ネル・ノディングス（著）立山善康ほか（訳）『ケアリング――倫理と道徳の教育　女性の観点から』晃洋書房、一九九七年。
（6）ローレンス・コールバーグ（著）岩佐信道（訳）『道徳性の発達と道徳教育』麗澤大学出版会、一九八七年。
（7）キャロル・ギリガン（著）岩男寿美子（監訳）生田久美子・並木美智子（共訳）『もうひとつの声――男女の道徳観のちがいと女性のアイデンティティ』川島書店、一九八六年。

認めつつ、ケアリング倫理は、たんに女性向けのものではなく、男性も身につけるべきものであり、その育成は男女を問わず最重要の教育課題でもあると論じている。

彼女は道徳的ディレンマに陥る場面を例示して考えていく。たとえば「マンリウスの悲劇」——軍隊の規律維持のために厳しい規則を定めたローマの司令官が、それに違反した最初の一人であった自分の息子を処刑せざるをえなかった悲劇。ノディングスは、この父の決断に、「あなたは自分の息子を自らの手で殺めようというのですか！」と叫ぶ母の声を対置する。「父の言語（普遍的規則・正義の倫理）」と「母の声（個別的な訴え・ケアの倫理）」とがディレンマとなるとき、前者を選択すべきだとする男性中心・近代社会に支配的な物語に対して、後者を基本に据えることを訴えたわけである。

大切なのは、顔が見え声を聴ける目の前の「他者（二人称のあなた）」のもつ痛みや渇きや願いや求めに対して、その都度の具体的・臨床的状況において応答する（response）ことが、人間として優先すべき責任（responsibility）だという点だ。つまり、ノディングスにあっては、いつでもどこでも誰でも〈みんな〉が従うべきだとされる社会一般の規則や大きな正義よりも、目の前の〈あなた〉の小さな声に耳を傾けて応答する〈ふたり〉の関係が基本だとされるのである。あるいは、身近な他者から遠い他者へと、「同心円的」に、「連鎖的」にケアすること。目の前に助けるべき人がいるのに、それを見過ごして一足飛びに、会ったこともない匿名の〈みんな〉のために（たとえば海外の餓えた子どもたちのために）支援活動をするのは、欺瞞的でもありえるロマンティシズムだと述べる。

これに対して、異論が出た。それはあまりに私情にとらわれているのではないか。視野が〈ふたり〉の関係に狭く限定されていて、社会的なつながり、公的な制度や法のもつ意義を軽視するものではないか、といったものである。たしかに、正義の倫理が想定する自由で独立した自律的個人——近代的人間像が、封建的・共同体的な拘束、身分や人種などの差別から諸個人を解放して、一人ひとりの〈みんな〉に等しい権利を保障する近代法システムや社会保障制度を実現してきたのは疑いのないところだ。しかし他方で、このような近代的な人間像が限界をもつこと、それが自律的理性的に判断できる強い個人をモデルにしており、割り切れない感情を抱え、苦しみや弱さも背負った具体的な人間の姿からすれば、抽象的理念的な人間像であることも、ノディングスを待たずとも、つとに指摘されてきた。とりわけケア／ケアリングが想定する人間像は——いや、ケアリングは人間一般の像を想定しないわけだが——、自分一人ではできないがゆえに、今ここで声をあげて助けを求めている固有名をもった「あなた」なのである。自律的な強い個人ではなく、この意味で、弱さや脆さや傷つきやすさをもった生身の人間との関係性。ノディングスは、ここを拠点にして、それを支える制度やシステムを創っていくことを求めたのである。

②ケアリングを支える社会システムの両義性——教育システムを中心に

もう少し具体的に述べよう。教育（学）者ノディングスは、ケアがなければ生きていくことのできない子どもたちを念頭において、この論を立てている。そして、そのような子どもたちが育ち学ぶために必要な関係性を保障する制度として、つまりケアリングを支える制度として、学校などの公的な教育システムの意義を十分に理解し、強調し、また自らそれを構想してもいる。ノディングスは一九八四年の出世作『ケアリング』によって知られているが（先述のようにその著書は、ドミナントな倫理に対してケアリング倫理をオルタナティブとして対置することに主眼があったので、いきおい、近代批判やシステム批判が強調されているが）、後続の教育学的・学校論的な一連の著作においては、制度面・政策面を含めた教育システムのオルタナティブな構想が主題的に論じられている（その一つ、『学校におけるケアの挑戦』の副題は、*An Alternative Approach to Education* である）(8)。

近代公教育システムは、共同体から外部化した個人をシステムによってケアしていくケア・システムの、近代のもっとも初期から制度化されたものである。ある意味では、その教育システムが、共同体からの個人の離脱を牽引したとも言える。重要なのは、このシステムは、その創設の当初から両義性をもっていたことだ。

その両義性とはすなわち、一方で、子どもたちの健やかな成長や学びへの要求というニーズに応えて、その学習権を身分家柄門地にかかわりなく平等に保障するシステムとしての意義、他方で、富国強兵といった政治経済システムの要請に応じて有用な人材を育成するシステムとしての意義である。目の前の子どもへの応答的ケアを支える学校と、社会システムを支えるための人材として子どもを手段化する学校。この両義のうち後者の論理が、前者のケアリングの論理と倫理を圧倒するに至り、またケアリングをインフォーマルな形で支えていた家族・共同体が弱体化するにしたがい、子どもたちを支えるケアリングの時間と空間は急速に失われていった。

教育システムはとくに、大人たちの「正義」の草刈り場にされてきた。それが「軍国主義」であれ「経済成長優先主義」であれ「平和と民主主義」であれ、その社会目標なり理念が、いま向き合っているこの子どもの求めに応じることよりも優先されてはこなかったか。あるいは、子どもと教師たちが向き合っている現場とは遠く離れた中央官庁で考える「教育改革」が、現場からケアリングの時間を奪い去っていく。本来はケアを支えるために創出されたシステムであっても、それが大きくなればなるほど、システムのためのシステム、管理システムが上積みされていき、顔の見える対面関係からどんどん遠ざかっていく。システムが自律的な論理をもって作動しはじめ（システムのためのシステム）、そのシステムに人間が従属していく。しかし翻って思えば、経済（生産・交換）システムも政治（意思決定）システムも、人間がそれを創り出した初発の動機に遡れば、身近な生命をケアするためのものであったに違いないのであるが。

ケアリングのためのシステムが、ある時点で反転して本末が転倒し、システムのためにケアリングが抑圧され疎外されていく。ノディングスが、ケアリングこそが最優先であり原点・基本で

（8）　Nel Noddings（1992）. *The Challenge to Care in Schools: An Alternative Approach to Education*, Teachers College Press.（佐藤学（監訳）『学校におけるケアの挑戦――もう一つの教育を求めて』ゆみる出版、二〇〇七年。）

あることを再三にわたって主張するのは、この本末転倒を再反転させて正置するためだった。ケアリングを支えるケア・システム、ケアリングの後ろ盾となる制度、ケアリングに根ざした社会を構築していくこと。ケアリングの現場から、切実にそれを訴えたのだった。(9)

ケアリングと自己とのつながり――ブーバーの〈我と汝〉の応答的対話論より

①〈ふたり〉関係における〈ひとり〉の意義――ケアリングへの自立

次に、ケアリング関係の〈ふたり〉の位相と、自己、個人、〈ひとり〉の位相との関係をみていく。ノディングスも、生涯に出会った二人の重要な思想家としてJ・デューイの名とともにその名をあげるブーバーの思想を、ここで参照したい。

〈我－汝〉関係という、あなたに呼びかけ応答する二人称の関係と、〈我－それ〉関係という、相手から距離をとって対象化する第三者的客観的な視点をもつ三人称の関係。これがブーバーの基本対概念である。誤解されることも多いのだが、ブーバーは単に三人称関係に対して二人称関係だけを称揚したのではなく、その二重の関係性のあいだの緊張と確執をとらえながら、一方だけに偏向せずに、両者が往還的相補的にかかわる可能性を探求したのだった。二人称関係によってケアリング関係が、三人称関係によって社会システムがつくられていくので、前節で述べた問題は、〈我－汝〉関係によって息を吹き込まれる〈それ〉的システムはいかに可能か、という課題となる。この点にかかわるブーバーの示唆も興味深いが、ここでは、ケアリング的な二人称の〈我－

汝〉関係にとって、〈ひとり〉で立つこと、自律した個人となることの意義を押さえていく。

ブーバーが、人間の生きた現実の基本単位を、「個人」ではなく「向かい合う二人」の関係に見ていることは先述のとおりである。しかし、二人が一体化したような、あるいは巻き込まれてしまって距離を取れなくなってしまっているような関係が続くことは、よしとしない。「距離を取ること」あるいは「自立化すること」によって個人となることは、人間性の「実現」（到達すべき目標地点）ではなく、人間性の「前提」（そこから他者とのかかわりに入るための「門」）であるという。これを、次のような三重の意味で、ケアリング関係に入るための前提として読み込んでみる。

第一に、ケアする人は、求めに応じて受けて立つことができなければならない。呼びかけに「応答できること」の前提としての、自立が必要である。ケアされる側には、必ずしもこの意味での自立は要請されない。「応答できること」＝「責任」の主体たりうることが、一方の側だけに求められているという点で、ケアリング関係は非対称の関係である。ブーバーは、二人称で「〈あなた〉と呼びかけることができること」も、この応答責任の主体たりうる要件としている。

（9）「自治」や「民主主義」や「個人の人権の尊重」や「人権を擁護する法システム」などの近代の遺産は、このようなシステムの上からのコントロールに対して、それを下から（現場の自律的個人から）コントロールするシステムとして、人類が獲得してきた貴重なものである。そして『民主主義と教育』のＪ・デューイ学会（the John Dewey Society）の会長も務めたノディングスは、この点も十分に認識したうえでケアリング倫理を唱導している。

たとえば、気にかかる人のことを心配して（Caring for）、「あなた、大丈夫？（May I help you?）」と呼びかけてみる場面を想起すればよいだろう。

第二に、かかわるべきときにかかわるべき人と自在にかかわるために、自立していること、〈ひとり〉になれることが必要である。ケアリング関係における自立とは、むろん「かかわりの中への埋没」ではなく、しかし「かかわりからの自立」にとどまるものではなくて、いわば「かかわりへの自立」＝「ケアリングへの自立」だと言える。ある特定の相手との関係だけに縛られて身動きができず、抑圧的な「しがらみ」の中で、たえずケアリングを強制されているような状況では、その時々に求められるケアリング関係に臨機応変に出入りすることができない。共感することを強制され続けるならば、ケアリングは持続可能なものではなくなる。〈みんな〉の中に埋没せず、〈ふたり〉関係に自由自在に出入りできるために〈ひとり〉であれること。この意味で、〈ひとり〉になる力は、そして〈ひとり〉になることを尊重し合う関係性は、適切なときに適切な相手とケアリング関係に入るための重要な条件となる。

第三に、相手と自分との違いを違いとして尊重しつつ、他者に即したケアを行えるために、また他者を他者自身の自立へと送り出すことができるために、先んじてケアする人自身が自立していることが必要である。相手を、自分の理解枠組みの中に取り込んでしまって、自分と同じことを求めているはずだと考えてケアするとき、おせっかいや押し付け（パターナリズム）に陥る。他者を自分に同化・回収することなく、他者としての他者に向き合うことができるためには、他者と癒着する共依存的な関係にならない「距離感」が必要となる。ケアリングには、「共感」や「巻き込まれること」も必要なだけに、そしてケアの相手は必ずしも自律的な判断のできる強さをもっているとは限らないだけに、これはとてもデリケートで大切な課題となる。

②ケアリングを支えるもの――いのちの根源にふれるホリスティックなケアへ

では、このようなデリケートな自己の立ち方を支えるものは何か。突き詰めれば、それは、ケアする人が何を動機（モチベーション）にして、ケアリングの営みに身を置いているか、ということにかかわってくる。ノディングスならば、どのような質の喜びをケアリング関係から受け取っているか、その深浅を問うことになる。ケアをした相手から、自分のしたことに「ありがとう」と感謝される喜び。人に喜んでもらえる喜びというのも、それはそれで大事なことである（ケアリングの「互酬性」）。しかし、ケアをした対象から直接に喜びの返礼がないことも多々あることだ。ノディングスは、ケアリング関係において、単に自分の感情レベルの「情動としての喜び」ではなく、もはや対象をもたない「受容的な喜び」に静かに包まれるような出来事がある、と言う。単に水平的な人間関係における喜びではなく、垂直に深められた、何か根源的なものにふれるような出来事。こういった深さの次元を主題化したのが、ブーバーの「出会い論」「呼びかけと応答の対話論」に他ならない。

ブーバーは、「他者の他者性（異質性）」と、「人間の個体化の厳格さと深さ」を通して出会うとき、その出会いを通して、ひとは存在を確かめ合い、生きることの意味を証し合うと言う。あるいは、他者からの呼びかけの中に、根源的な呼びかけを聞き取りつつ、他者に応答するのだと言う。この根源的な何かのことを、ブーバーは「〈永遠の汝〉」「根源的現実性」「生成するいのち」「〈世界〉そのもの」などと言い換えている。

生身の人間の業《わざ》としてのケアリングは、ときには辛く、ときには重荷に潰れそうになることもあるだろう。自力だけを恃《たの》むのではなく、この根源的なはたらきを信頼して、それが自らを通路としてはたらき出るようにケアすること。ケアリングを根底で支えるものは、結局のところケアリング関係においてその只中で与えられる、この根源的な生の証しであり、いのちのはたらきであり、その大いなる何かへの信頼なのだと、そのようにブーバーは言うのである。

ブーバー的な観点が大切なのは、目の前の他者の求めに応答するケアリングという行為を通して、そのような根源的な何かとのつながりを確かなものにできる道を指し示しているからだ。つながりが断ち切られ、生が浮遊化しがちな現代の社会にあって、ケアする人とケアされる人とがケアリングを通して出会い、呼びかけに応答する対話の中で互いの存在を確かめ証し合うような出来事。具体的なケアの行為の中で、人間が全体性（ホールネス）を回復し、深く癒され（ヒーリング）、聖なるもの（ホーリネス）にふれる道――「ホリスティック・ケア」の道――が、ここに用意されているように思われる。

3　「教育－福祉（Edu-care）」探究の意義と諸相――ケアの視点へ

「教育福祉（学）」というコンセプト

①福祉と教育の垣根を越えて

喜びも怒りも、哀しみも楽しみも、すべてを大切にしながら、人が人として支え合って生きていく。どんな人も、その人なりの人生を精一杯に生きていくことができる。そんな人間関係や社会を築いていくために、私たちに何ができるだろう。

困難を抱えても、すべての人に尊厳をもって生きられるように支える福祉的支援と、一人ひとりが自己を実現し、社会に貢献できる学びを支える教育的支援。「教育福祉（学）」という知的実践的な探求は、その両方の視点をもって複眼的に人間支援に取り組む新たなチャレンジである。

第二次世界大戦後より日本では、すべての人が健康で文化的な生活をする権利（生存権・生活権）と、誰でも自分にふさわしい教育を受ける権利（教育権・学習権）とを保障した憲法のもと、福祉関連各法規と教育関連各法規とが制定され、厚生労働行政と文部科学行政の「縦割り」が長らく続いた。ようやく、その福祉と教育の谷間を架橋し、垣根を越えて両者を統合的にとらえる必要についての認識が進んできた。従来の狭い福祉や教育のとらえ方を拡張し、両者の協働を推進できるような理論や実践が求められている。

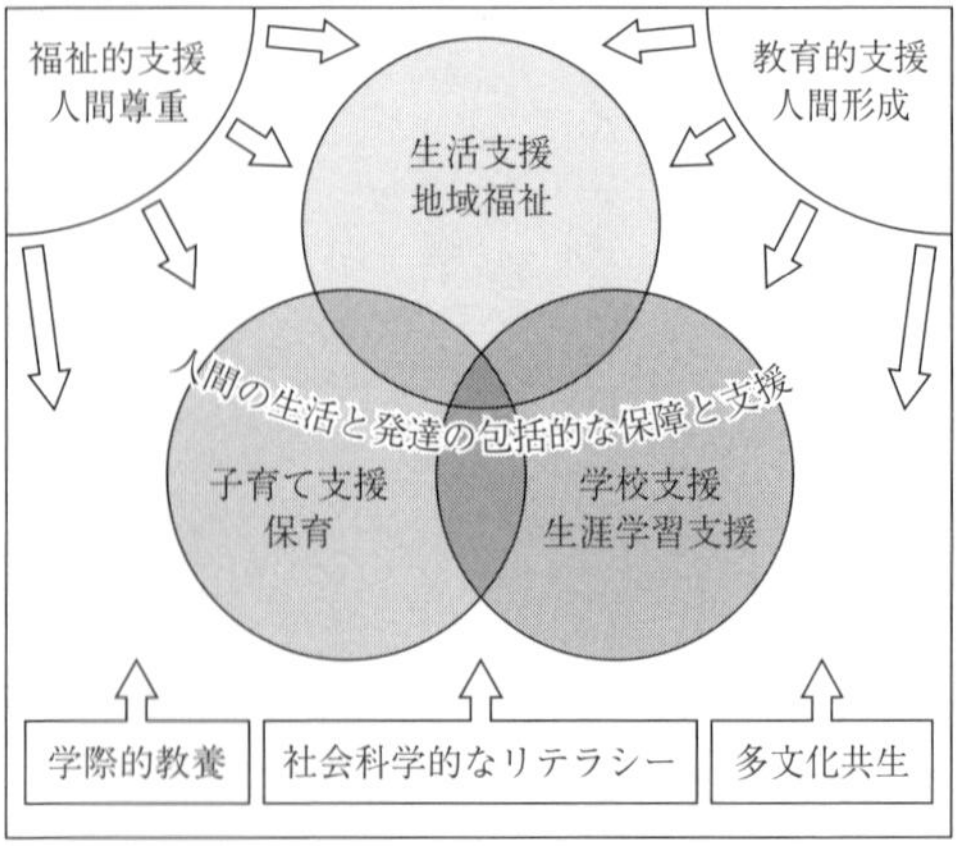

図5　教育福祉学の概念図

注：この図は、大阪府立大学に教育福祉学類を創設するに際して、同僚とともに、議論を重ねて作成したものである。

②教育福祉学の定義

この現代的な課題に呼応して、大阪府立大学において教育福祉学類という新たな教育研究組織を創設するにあたり、「教育福祉（学）」を次のように定義した（〈図5〉参照）。

(1)　教育福祉学とは、人間の生活と発達の包括的な保障と支援に関する学。人と社会に対する包括的な視野から、人間の生活と発達を保障し支援するために必要な、福祉・保育・教育等の分野における専門的かつ協働的な実践と理論に関する研究を行う。

(2)　より具体的には、誕生から老いまで生涯にわたって、人間の尊厳をもった生活を保障する福祉的支援と、人間としての発達と学習を保障する教育的支援とを、有効に相互補完させることのできる社会システムや地域支援あるいは対人援助法について、問題解決的・実践的に理論化する研究。

(3)　その対象は、保育・子育て支援や子ども家庭福祉の対象領域に限らず、スクールソーシャルワークのような学校教育への支援、さらには就労支援や高齢者の生きがい創造などの社会教育や生涯にわたる学習支援などを含む。

(4)　したがって「教育福祉」とは、「社会福祉」の中の、「医療福祉」や「産業福祉」「司法福祉」「児童福祉」といった限定された一領域を指すサブ・カテゴリーではない。社会福祉の広い領域の全般にわたって教育的な観点や方法が有効であり、福祉における教育的支援と教育における福祉的支援とを双方向にクロスオーバーさせながら、「福祉と教育」の協働を促進するためのコンセプトである。

(5)　「教育福祉」に冠せられた「教育」もまた、「学校教育」に限定されない広い意味をもつ。すなわち、機能的な概念として、福祉的支援（生活権の保障）を有効に補完する教育的支援（生涯にわたる学習支援、自立した生活に向けての発達支援）という意味をもち、それはまた、対象領域的な概念として、学校とその教員養成にかかわる狭義の「教育」ではなく、保育・家庭教育・社会教育・生涯学習支援を含んだ広義の「教育」である。

「教育－福祉（Edu-care）」の諸相――四つの類型

社会福祉と教育とは、それがめざす基本的な理念や、依拠する社会科学・人間科学的認識といった重要な基盤を共有している。その共通基盤に立ちつつ、教育福祉学の探求は学際的に、それぞれの専門性にしたがった多角的なアプローチをとることになる。ここでは、それらの領域横断的な連携フィールドを見渡すことできる一つの視座を提示しておきたい。

つまり、「教育 - 福祉」の協働的補完的な関係を把握しやすくするために、先行する教育福祉論も参照しつつ、視点の置き方、視角のとり方の違いによって生まれる諸相を、次の四つに整理する。すなわち、①教育の母胎としての福祉、②福祉の方法としての教育、③福祉における教育的支援、④教育における福祉的支援の四つである。そこに「教育-福祉（Edu-care）」の四つの類型をとらえることができる。

そもそも「協働・連携」が課題となるのは、それが言うほどに簡単ではなく、実際にはかなり困難な確執や対立を生み出しているからである。その背景には、行政が縦割りであり、予算配分において利害が生まれるといった理由もあるが、福祉分野でも教育分野でも、そこで仕事をする人が、よい意味で熱心であり自らの専門職への誇りをもっているからでもある。いきおい、両者の間のディベートでは、自分の側の「福祉」／「教育」という概念は広く拡張し、相手の側の「教育」／「福祉」という概念は狭く限定して理解されがちである。また、両方の概念とも、三つの異なるレベルで頻繁に使用されるが、それがよく混同され、議論が錯綜する。すなわち、抽象度の高い理念・目的を指し示す概念としても、具体的な対象や場所をもつ制度的な実体概念としても、また、特有の方法をもつ実践的な機能概念としても、両概念は用いられる。したがって、以下の位相の整理にあたっては、これらの概念の範囲やレベルの区別には特に留意しておく。

①教育の母胎としての福祉

まず、理念・目的レベルで、「福祉」や「教育」が用いられる場合である。両者がともに大切にしているのは、「すべての人が人間らしく幸せに生きていくことができるように」という基本的な理念であり、「人が人として生きることができるように支え合う関係性や社会制度をつくっていく」という目的である。

とすれば、そのために、まず生存を保障される必要がある。生きづらさを抱えている人をしっかり支援し、命を脅かされずに安心して生きていける最低限の生活を保障すること。それとともに、ただ命を長らえるだけでは不十分で、「ウェルビーイング（well-being）」、「生活の質（QOL）」が問われる。よりよく、文化的に生きていくことも保障されなければ、人間らしく生きることはできない（「文化的」に生きるとは、たとえば、自分の文化の言葉で読み書き考えて、自ら文化を創造していく主体となりえることだ）。そのために、すべての人は等しく学ぶ機会を保障されるべきだし、仕事を奪われずに人間らしく働く権利も保障されなくてはならない。

すべての人が、健康で文化的な生活を営むことができるように、支え合う社会。そのための、生存権・生活権と、文化的生活権としての教育を受ける権利の統一的な保障。まさに日本国憲法の第二五条と第二六条で、社会福祉（生活権）と教育（学習権）はワンセットの社会権として定められている（第二七条「働く権利」とともに）。第二五条の「健康で文化的な最低限度の生活を営む権利」を保障する社会福祉が母胎となり、第二六条の「能力に応じて、ひとしく教育を受ける権利」が保障されてこそ、一人ひとりが存分に学ぶことができ、人間らしく文化的に生きる生活が実現する。この意味で、「福祉は教育の母胎であり、教育は福祉の結晶である」[10]と言われる。

この憲法のもと、しかしそれを実質化する法制度は、社会福祉と教育の法体系に分かれており、所管する省庁が厚生労働省と文部科学省に縦割りとなっているため、二つは個別に議論され、協働することが容易でないという実態がある。「教育福祉」というコンセプトは、基本的人権の尊重という原則を共有し、生活権と教育権という社会権の総合的な保障に向け、それぞれの独自性は尊重しつつも不要な対抗関係に陥らずに協働していくためのものである。

②福祉の方法としての教育

「福祉」の語義は「福＝しあわせ」と「祉＝ゆたかさ」であり、このような広義の「福祉」は、教育基本法でも使われている。憲法と同時期に制定された旧教育基本法（一九四七年）の前文には、「われらは、さきに、日本国憲法を確定し、民主的で文化的な国家を建設して、世界の平和と人類の福祉に貢献しようとする決意を示した。この理想の現実は、根本において教育の力にまつべきものである」と記されている。二〇〇六年改正後も、この表現は継承され、「……人類の福祉の向上」という「この理想を実現するために、（中略）……教育を推進する」と規定された。つまり、広義の福祉の実現のための方法として教育が位置づけられている。逆に言えば、教育を推進するのは、すべての人のしあわせとゆたかさ＝福祉のためである。この意味では（前項とは逆に）、「福祉は教育の結晶である」とも言える。

福祉実現の方法として教育をとらえるこの連関は、より狭義には、たとえば英国ブレア政権が、福祉改革の根幹に教育政策を据えた思想——教育の効果こそが、失業対策ともなり、ドロップアウトや犯罪防止にも、国際競争力の強化（福祉財源の確保）にもつながる——に見ることもできる。福祉国家論は、ともすれば教育万能論や自助努力・自己責任論に傾くアポリアもある。それだけに、こういった社会福祉と教育（学習）との目的‐手段連関について吟味することは、政策決定の現実的な場面でも重要である。

また、ここで「教育」も「福祉」と同様、広義に理解しておくことが重要である。教育基本法において「教育」は、人生の初期に普通教育を行う「学校教育」に限定されず、「生涯学習の理念」によって定義されている。第三条（生涯学習の理念）は、「国民一人一人が、自己の人格を磨き、豊かな人生を送ることができるよう、その生涯にわたって、あらゆる機会に、あらゆる場所において学習することができ、その成果を適切に生かすことのできる社会の実現が図られなければならない」というものである。ここから「学校教育」は、「生涯学習の基礎を培うもの」として再定義されることになるし、地方自治体の公民館・生涯学習センター等での「社会教育」（就労支援的なリカレント教育、子育て支援講座や生きがい創造の老人大学など）の重要度が増すことにな

(10)　小川利夫・高橋正教（編）『教育福祉論入門』光生館、二〇〇一年、表紙扉の言葉。

る。生涯にわたる学習支援としてとらえなおされた教育観を踏まえれば、より一層、幸福の追求、自立の支援、生活の質の向上といった社会福祉を実現するために、教育（＝生涯学習）が果たす役割が際立つだろう。また、「生涯学習」は、よく知られているようにユネスコ（UNESCO）が提唱したものであるが、さらに福祉的な観点から「教育（権）」を「学習（権）」として再定義したユネスコ「学習権宣言」（第四回ユネスコ国際成人教育会議、一九八五年）も重要である。

③福祉における教育的支援

次に、「教育‐福祉」の狭義のとらえ方として、より具体的に「社会福祉制度における教育的支援」および「教育制度における社会福祉（ソーシャルワーク）的支援」について取り上げる。

まず、福祉サービスの利用者への教育支援について。一九七〇年代以降、「教育福祉」の研究フロンティアの開拓に努めてきた小川利夫らは、「教育福祉」問題を「児童の福祉と教育の同時保障」、すなわち「社会福祉とりわけ児童福祉サービスの対象とされてきた子どもたちの学習・教育権保障」の問題としてとらえ、これらの問題の改善をリードしてきた。具体的には、養護施設に入所する児童の高校進学や学習支援、教護院（現：児童自立支援施設）における「準ずる教育」の問題、障害の程度の重い子どもの教育保障の問題などである。

生きづらさの問題を、子ども自身の問題としてとらえるよりも、背景にある貧困や虐待などの生活問題（福祉問題）として把握する重要性は、これまでも指摘されてきた。さらにこれを生活問題のみならず、同時に教育問題として把握する必要がある。学習権の保障が必要になっているのは、生活問題から学習機会が奪われてしまった福祉施設の子どもに限らず、現代では、過度の競争やストレスに曝された学校の教育問題が引き起こす、誰でも起こりうると言われる不登校や学習忌避が深刻だからである。このような学習からの逃避が、就労困難者・貧困層を再生産する悪循環がはじまっている。この悪循環の輪を断ち切るためには、社会福祉的支援とともに、勝ち組と負け組を選別していくような学校での競争的学力ではなく、ユネスコ学習権宣言における学びのような、すなわち、生涯にわたって喜びをもって学び、よりよい社会をつくりあげていく歴史の主体となるような学びを保障していく支援が必要となっている。

④教育における福祉的支援

福祉問題を（福祉的のみならず）教育的な問題として把握する必要について見たが、同じように、教育問題を（教育的のみならず）福祉的に把握してアプローチする必要も高まっている。

教育制度における福祉的な視点や支援の導入としては、学校給食（食育、栄養教諭の制度に展開）、学校保健、学童保育（放課後子どもプラン）、子育て支援や幼保一元化（子ども園）等をあげることができるが、特筆すべき近年の動きは、スクールソーシャルワークの導入である。

学校という教育制度の中に、本格的にソーシャルワーク（社会福祉的援助）を取り入れるスクールソーシャルワークは、福祉と教育とが連携する「教育福祉」の一つの柱となるものである。その現代的な背景として、貧困や孤立、虐待や発達障害といった困難を抱える子どもの問題が、けっして一部の特別な子どもたちのものではない状況にあること、これらの問題事例に対処するには学校教師による個別指導や家庭訪問など従来型の教育的対応だけでは物心ともに限界がきていることと等がある。そのために、教育的対応だけではなく、ソーシャルワーク的な視点と援助技術――ミクロレベルでの面談・訪問によるアセスメント、メゾレベルでの学校組織のシステム構築、マクロレベルでの地域支援ネットワークや政策形成――をもつワーカーが学校に入って教員と協働して対応することが求められるようになった。その成果がすでに報告され、地方や国レベルで制度化が進められている。(11)

もはや問題を教育的視点でとらえているだけでは不十分であり、福祉的視点やその技法から学ぶべきことが多くある。スクールソーシャルワークをはじめ、コミュニティスクール構想やソーシャル・インクルージョンの実践など、近代に制度化された学校が、これまでの自己完結的な発想から脱却して、根本的にその枠組みを組み替えていく方向を、以上のような「教育 - 福祉」が協働する理念と実践が示唆していると言えるだろう。

「ケア」の視点に立った「教育 - 福祉（Edu-care）」の探求へ

福祉的視点を媒介して、近代教育の制度そのものを組み替えていく方向を提案している論者に、ケアリング教育学の主唱者、N・ノディングスがいる（本書の前節を参照）。最後に、「ケア」の視点に立った「教育‐福祉（Edu-care）」の探求の意義について言及しておきたい。

①現代社会のケアをめぐる深刻な変化

人間は、生きるためにケアを必要とする。幼いとき、病気のとき、老いたとき、ケアを必要とする。もし生まれてきた赤子をケアするという営みを誰もしなくなるならば、そこで世代の継承は途切れてしまう。人類がここまで存続し、私たちがこうして今いのちを与えられているのは、喜びであると同時に重い負担でもあるケアを、日々の暮らしの中で黙々と営んできた先行世代がいたからである。シンプルな事実であるが、日常の奇跡であったとも言える。

日常の奇跡。そうとさえ思えるのは、それが自明なことではなくなってきた最初の時代を私たちが生きているからだろう。次世代を産み育てることは選択の問題となった。引き受けることも、引き受けないこともできる。個人の幸福の追求にとって、ケアすることが負担であれば、選択しないことも是認される。担われなかったケアは、その専門職が担い、社会システムが支えていく。そういう方向へ、社会は深く変化してきている。

ここでは、この方向の善し悪しは問わない。近代化、産業社会化、都市化、市場化……。共同

(11) 二〇〇八年に文部科学省がスクールソーシャルワーカー活用事業を開始して以来、地方教育行政レベルにおいても導入が進んでいる。詳しくは山野則子ほか（編著）『よくわかるスクールソーシャルワーク〔第2版〕』ミネルヴァ書房、二〇一六年を参照。

体の桎梏《しっこく》から諸個人が解放される個人化のプロセス。その行き着いた地点にある、ケアをめぐるこの社会の決定的な変化の深度に、「教育（学）」がどの深さで対応できているのか、それが問われている。

「社会福祉（学）」の方が、この変化に対して早く対応している。子育て支援エンゼルプラン[12]から次世代育成支援対策推進法（二〇〇三年施行）を経て、各行政機関は、次世代育成支援計画を次々と打ち出してきた。「社会全体で子育てを支える」「生活と仕事と子育ての調和」などが謳われ、少子化対策・保育政策を中心とした取り組みに加え、子育て家庭（在宅での子育て家庭を含む）への支援や男性も含めた働き方の見直し（ワーク・ライフ・バランス）、「次代の親を育てる」観点による学習機会の提供などの事業が進められている。そして、男女共同参画事業、認定こども園・子育て支援の生涯学習事業、スクールソーシャルワーク事業など、子ども家庭福祉（厚生労働行政）および就学前教育・学校教育・社会教育（教育行政）が縦割り行政を超えて連携する「福祉と教育のコラボレーション」が、ここにきて模索されている。

②子どもをケアする大人に固有の責務

それにしても、この社会の変化を、どれだけ子どもの視点から受け止めているのだろうか。大人の都合に子どもを合わせるのではなく、子どもの視点に立ってその変化を促進し、あるいは押しとどめようとしているだろうか。

大人の声は大きく、子どもの声は小さい。当事者である子ども自身が、自分の思いを言葉にして社会に発信できれば、それが最も望ましい。しかし他のマイノリティ・グループに比しても、子どもが自分の思いを言葉にするのは難しい。だから、子どもたちの声を代弁する大人が必要になる。子どもが現に生きている世界に寄り添い、ケアの現場から、彼らのニーズを理解しようと努めて代弁する大人の存在。子どもをケアする福祉や教育に固有の任務となる。

大人が社会をつくり、社会の変化を生み出していく。子どもは、その社会の変化に適応できるように教育される。しかし、発想の順番を入れ替えるべきだ。

社会は、子どもの成長に適合するようにつくられるべきだ。次世代の成長なくして未来の社会はないのだから。子どもをケアする大人が、子どもの成長にとってふさわしい社会の変化をつくり出していくエージェントである。この社会の深刻な変化が子どもにとってどのような意味をもつのか、この変化の中で子どもが必要としているケア――大人が必要としている子どもへのケアではなく――は、どのようなものであるのか。子どものケアを置き去りにして深刻に変化する社会に対して、教育（学）と福祉（学）は、「ケア」の立場から深く応答すべき責任を負っている。

---

(12)　正式名称を「今後の子育て支援のための施策の基本的方向について」という。一九九四年に当時の文部・厚生・労働・建設の四大臣が合意し策定されたもので、一九九五年から一〇年計画として行われた。

4 〈教育的まなざし×福祉的まなざし〉の複眼的アプローチ

教育福祉学類一期生の「おくる言葉」に寄せて

大阪府立大学に創設された教育福祉学類の第一期生は、卒業するにあたって、「〈教育×福祉×自分〉――この学び、学生の本気で伝えたい」と題したシンポジウムを自主企画し、開催した（二〇一六年二月）。そして後輩たちへの「おくる言葉」を自分たちの言葉でまとめ、「教育だけを学んでも、福祉だけを学んでも築いていけなかった価値観」を学びとった、と語った。どちらかだけでは学べない、両方を掛け合わせて学ぶからこそ得られるもの。それは何だったのだろうか。

彼らは、教育も福祉も両方を学んだ、と語ったのではない。足し算ではなく、〈教育×福祉×自分〉と表現する、その真価は何か。それは、教育と福祉を、自分の外にある二つの対象領域としてではなく、現実を見て取るときの「ものの見方・考え方」、視点や価値観のようなものとしてとらえている点にあるのではないか。〈教育〉だけの視点、〈福祉〉だけの視点からだと死角になりやすく、二つの視点で複眼的に見るからこそ、立体的に見えてくる現実。それは、教育と福祉が融合一致して一つの視点になっても見えないもの。少し離れた二つの別の視点でありながら、それでもって同じ方向を見ることができたとき、はじめて奥行きをもってリアルに見えてくる現実がある。つまり、教育と福祉という二つの観点を掛け合わせた「複眼的なまなざし」である。

このような学生たちの学びに触発されて、筆者なりに〈教育的まなざし×福祉的まなざし〉の複眼的アプローチについて考えたことを述べてみたい。そのためにまず、マズローのよく知られたニーズ階層説を参照して、〈教育的まなざし〉と〈福祉的まなざし〉の位置関係を説明してみる。それは、いささか図式的にすぎる仮説であるが、両者の立ち位置の違いと補完関係は明確になり、視点は異なるが視野は重なり合う〈教育×福祉〉の複眼的アプローチに関する議論の出発点となる。そのうえで、筆者の研究フィールドから事例を取り上げ、「もっとよく」をめざす〈教育的まなざし〉と「ありのまま」を受け入れる〈福祉的まなざし〉とを絡み合わせながら、その事象を理解しようと試みる。最後に、E・フロムの〈 to have 〉／〈 to be 〉をはじめ、いくつかの関連する対概念を用いて、〈教育的まなざし〉だけでも〈福祉的まなざし〉だけでも全体をとらえきれない、現実の両義的な様相に迫る。

ニーズ階層説と複眼的な〈教育×福祉〉の視座

マズローのニーズ（欲求）の五段階階層説は、高等学校の「倫理・社会」の教科書でも定番になっていて、大学新入生にも知られている。アカデミックには疑義や批判があるところだが、これほど社会的に共有されるに至るだけの、一定の説得力をもつものである。この階層説を用いて、「教育」が対応するニーズと「福祉」が対応するニーズについて、以下のような図式的な説明を試みる。

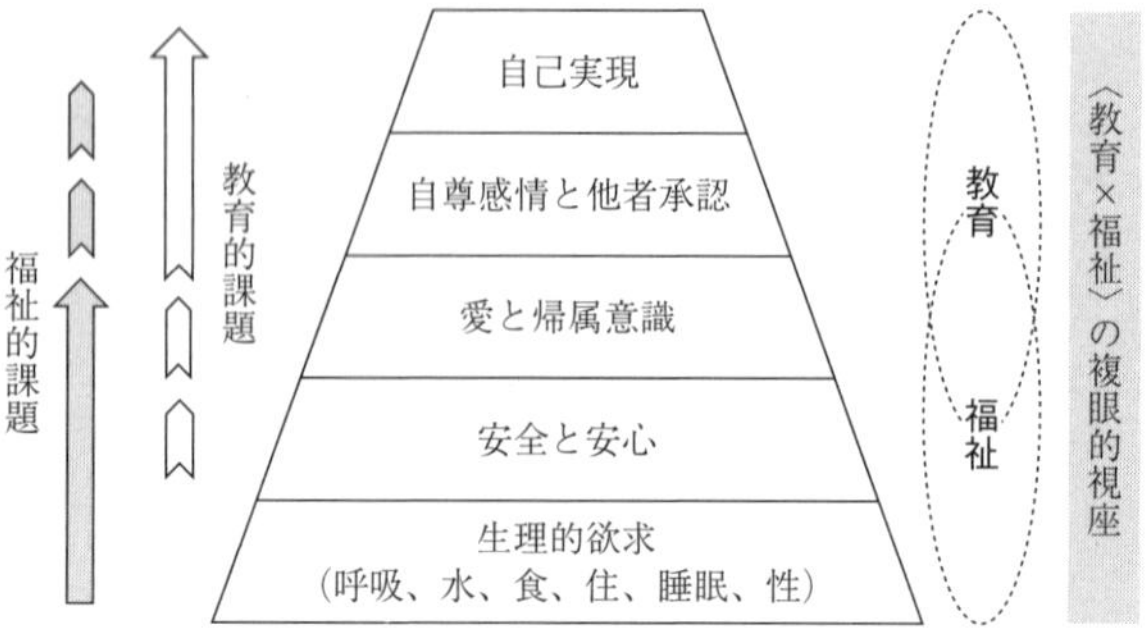

図6　ニーズ階層説と〈教育×福祉〉

人の抱える生きづらさや困り感、すなわち生活問題に焦点を当て、それを軽減できるように支援する社会福祉は、〈図6〉において下方の基礎的なニーズに対応している。水や食物、睡眠などを満たす生理的欲求、安心して住める場所、支え合うことのできる家族やコミュニティなど、人が人として生きていくうえでの土台をしっかり支えるのが福祉的支援。そのベースがあってこそ、自分自身をよりよく向上させ、他者や社会から認められ、さらには人格の完成や真善美の探究といった自己実現をめざす欲求も生まれて、そこに教育が求められてくる。「福祉の結晶としての教育」「教育の母胎としての福祉」と言われる所以である。

差し当たりそれを、〈図6〉の左に付した矢印によって、福祉的支援と教育的支援のそれぞれが主として対応する課題、そのニーズ階層のレンジを示した。このように図示することで、第一に、両者の課題意識の焦点が異なるとともに、それぞれが責任を負うべき応答範囲が補完的になっていること、第二に、福祉的なニーズがより基礎的で優先的であり、その前提のうえで教育的ニーズへの対応も成り立つこと、と同時に、しかし第三には、両者の分担範囲を明確に線引きすることは難しく、それぞれが自らの責務を全うしようとすれば、相手の担当範囲をも視野に入れるべきことが読み取れるだろう。この第三の観点を、図の右側に「〈教育×福祉〉の複眼的視座」として記入した。教育的視点と福祉的視点とは、一人の人のニーズを聞き取り対応する際、同じ方向を向きつつも、少し焦点の異なる位置にあって、その人の全体像を立体的に把握することを可能にする。このニーズ階層論は、下位階層のニーズ充足が上位階層の基盤になるという関係を示す一方で、マズロー自身が注意を促したように、一〇〇％充たされなければ上位ニーズが生じないというものではなく、逆に、下位のニーズを犠牲にしてでも上位のニーズを追求するケースもある。マズローは、生理的欲求八五％、安全と安心七〇％、愛と帰属意識五〇％、自尊感情と他者承認四〇％、自己実現一〇％が一般的な充足率ではないか、と記している(13)。

すなわち、福祉的支援を行う場合でも、教育的支援を行う場合でも、たえずその当事者がその時々にもつニーズの全体的なバランス傾向を見て取る必要があり、この階層図の「〈教育×福祉〉の複眼的視座」は、そのような立体的な把握のために有効である。

---

(13)　A・H・マズロー（著）小口忠彦（監訳）『〔改訂新版〕人間性の心理学――モチベーションとパーソナリティ』産業能率大学出版部、一九八七年。

では、このような複眼的な視座による見立てが効力を発揮するような事象には、どのようなものがあるか。筆者自身の研究フィールドから、一つの事例を取り上げて、「〈教育×福祉〉の複眼的アプローチ」の意義を確認していこう。

「ありのまま」／「もっとよく」——「居場所／学び場」問題への複眼的まなざし

筆者は先に、いわゆる「学校」のもつ学び場的（教育的）機能と、ホーム（家庭）や児童養護施設、フリースペースなどのもつ居場所的（福祉的）機能を両極とする座標軸を用いて、不登校や「発達障害」等にかかわる支援空間、さらにフリースクールやオルタナティブな学び場などをマッピングする見取り図を提案した（本書〈図2〉参照）。その背景には、普通教育を受ける多様な機会の確保をめぐって、「居場所」か「学び場」か、「福祉的まなざし」か「教育的まなざし」か、という二分法と、それに基づく線引き問題が、現実的な課題として浮上しているという状況があった。すなわち、ザックリと問題の輪郭を描けば、以下のようである。

学校の「教育的まなざし」は、児童生徒に対して、「もっとよくなる」ことを期待し、「もっとできるようになる」ための支援をしようとする。それに対して居場所的機能を重視する立場は、「ありのままでよい」ことを認め、受け入れる。「もっとよくなる」ことを求めるまなざしは、できなかったことができるようになること、何かしら価値ある方向への向上を求めるので、「評価するまなざし」を伴う。居場所的（福祉的）なまなざしは、できないのであればできないままをまず受け入れ、その個人ができなくても生きていける関係性、社会のありかたを求める（「障害」を理解する個人モデルから社会モデルへのシフトに対応）。また、人は何かができるから価値があるのではなく、「ありのまま」に存在すること自体に意味を見出す。

居場所的（福祉的）なまなざしで見れば、学校での教育的まなざしは、子どもたちを急きたて追い込んでいる。子どもが今のままでいることをよしとせず、今より多くのことができるように子どもたちを追い立てる。そこで疲れ切った子ども、自己肯定感が低くなった子どもにとって、ありのままでよいと受容され、安心して帰属できる居場所（ホーム）は重要である。

学び場的（教育的）なまなざしで見れば、ありのままを肯定する居場所だけでは、子どもたちの学びと成長を保障するには不十分である。「ありのまま」を受け入れられ、安心して自分の居場所を見出したとき、そこで充足するのではなく、何かしら自分にできることを求め、他者や社会から認められ、自分のもつ力を発揮できるようになりたい、すなわち「もっとよくなりたい」「もっとできるようになりたい」という願いが生まれるだろう。その願いに応えうるような学び場と、積極的な働きかけが必要である。

この議論の筋は、ちょうど前項で見たニーズ階層説に対応している。安全と安心、自己を肯定してもらえる愛と帰属意識、こういったニーズに応えられるホーム・居場所が、まずは優先的に重要である。そのうえで、社会的承認や自己実現をめざす教育の場が、積極的に与えられるべきだ。まずはそのような段階論で整理できるが、しかし現実的に課題となっているのは、その二つの機能を二つの場所に振り分けてよいのかどうか、という問いである。福祉的機能と教育的機能を、二つの場所に振り分けるのではなく、一つの場所で二つの機能を「掛け合わせて」担うべきだという立場が存在する。

学校という場で、両方の機能を担うべきだとする立場に、インクルーシブ教育の立場がある。「障害」のある子どもも「健常」な子どもも区別なく、多様なバックグラウンドをもつ子どもがともに同じ場で学び合うことを支えるのが公教育の使命である。問題は、学校において一元的な評価による教育的まなざしのみが支配的で、多様な子どものありのままを肯定する福祉的まなざしが弱い点にある。たとえできないことがあっても、そのできなさを支え合って生きる力を育む福祉的まなざしと教育的まなざしの両方が必要なのだ。福祉的まなざしに基づく学び場を学校の外に展開すれば、学校の中はますます教育的まなざしに一元化されてしまうことになるだろう。避難場所として学校外の居場所を認めたとしても、それは一時的・特例的なものとして認めるべきで、学校に戻ってくるのが本来の形であるという原則を崩すべきではない。このように考えるとき、学校というシステムの中で、教育に加えて福祉的なまなざしを包摂したインクルーシブな学校教育をめざしているのだと言える。

他方、学校外の学び場で、両方の機能を担うことができるとする、学校復帰を前提としないフリースクール等の立場がある。子どもの「ありのまま」を受けとめる居場所的な機能を優先するフリースクールでも、そこで子どもたちが現に生きて活動しているかぎり、何かができるようになり、何かしらの「生きる力」を身につけ成長している。それは、学習指導要領で規定された学力で評価できるものではない。多様な子どもの個々のニーズやペースに対応した、個別的で丁寧な学びの支援は、学校という標準化や制度化を避けられない全体システムにあっては限界がある。居場所的な機能に特化せずに、そこで学び成長する教育的な機能をも担う態勢を整えたフリースクール等は、（一定の条件は必要だとしても）普通教育を受ける権利を保障する「もうひとつの（オルタナティブな）」可能性として公認すべきではないか。この立場がそのように考えるとき、学校というシステムの外で、福祉に加えて教育的なまなざしを強化した複眼的まなざしによる学び場の創出に挑戦しているのだと言える。

こうしてみると重要なのは、学校の内部か外部か（インクルーシブかオルタナティブか）、という問題ではなく、子どもを支える働きとして「ありのまま」の存在を肯定する〈福祉的まなざし〉と「もっとよく」をめざす〈教育的まなざし〉との、どちらかだけに特化しない複眼的支援だということがわかる。とりかえしのつかない今を生きる子どもの立場から見れば、学校で両方が保障されていればそれでよいが、それが間に合っていないのであればその外で保障されるべきであるし、あるいは両方の場所を行き来することで補完的に両方が保障されるべきだろう。そのような柔軟な弾力をもった〈教育×福祉〉システムが求められているのではないか。

以上、不登校やフリースクール、学校の中と外での多様な教育のあり方といった筆者の研究フィールドにおいて、「もっとよく」をめざす教育的まなざしと「ありのまま」を受け入れる福祉的まなざしとが協働する複眼的なアプローチの意義を瞥見した。

二つのまなざしが深まり結ばれる次元――「存在の Dignity」へのまなざし

ここまで、〈福祉的なまなざし〉を、たとえできなくともできないままに、「ありのままに」生きていくことを支える視点に照準し、〈教育的なまなざし〉としては、できないことを少しでもできるようにして「もっとよく」生きていくことを支える視点に焦点化して、両者の相補的な関係をみてきた。これをいま少し原理的に考えれば、「障害／健常」や「できる／できない」「弱者／強者」といった線引きのもつ意味のとらえ直しにも通じる。単純にその区別は不要だと融合するのでなく、かといって、その分別を固定化するのでもない。分けたうえで、その二重性を複眼的に見るアプローチ。いわば「二重写し」に見るこの複眼的なまなざしについて、最後にもう一歩踏み込んで考察しておきたい。

上述してきた二重性をめぐる課題は、振り返って見れば、人間にとって普遍的な問いとしてさまざまな思想家によって取り上げられてきた。たとえば、フロムによる「獲得すること〈to have〉」と「存在すること〈to be〉」[14]。たえず「もっとより多くのものを！」と獲得をめざす生き方と、存在することそれ自体で（ありのままで）価値のある生き方。近代の文明社会が、前者のあくなき追求に駆り立てる中で、後者の価値を見直すべきだとフロムは警鐘を鳴らした。近代化を牽引する機関車としての学校は、彼が批判するような獲得競争を勝ち抜き、より多くを所有する社会の発展を担う人材育成という課題を背負う。そうした一面をたしかに学校は持っているが、しかし他面では、近代においてようやく人類が到達した学習権保障の機能を持つものでもある。つまり、子どもが所与の条件（生まれた身分家柄、貧富の格差など）に縛られず、自ら学び獲得した能力によって身を立て世に出る機会を平等に保障する機能、あるいはすべての子どもが各人の特性に応じて発達しうる（最大限にできることを増やせる）ことを保障する機能。それは、弱者を弱者のまま放置せず、できなさをそのまま放置せず、少しでもできることを増やし自立に向けて歩める機会を保障するシステムであった。たとえば重度や軽度の障害を抱えても、最大限の発達を保障しようとする特別支援教育が公費で担われるのは、その意味で近代の教育の貴重な所産である。それは自立へ向けての支援であるばかりでなく、できなかったことができるようになることはそれ自体が喜びであり、教育という営みは、そのように人が自らを向上させ、かかわれる世界を広げていき、よりよい社会を築いていこうとする根本的な願いに応えるものである。だとすれば、より多くの「できること」を「獲得すること〈to have〉」自体に問題があるわけではない。

重要なのは、教育的まなざしを深めていくことによって、「もっとよく」をめざすことが、「ありのまま」を尊重することと対立しない次元が拓かれるということだ。いわば、「ありのまま」に根差した「もっとよく」、〈to be〉に根ざした〈to have〉という二重性を生きるあり方である。

（14）　エーリッヒ・フロム（著）佐野哲郎（訳）『生きるということ』紀伊国屋書店、一九七七年。

たえず世界とかかわり合いながら生成変容を続けている人間の動態にあって、もっとできるようになりたい（もっと世界を広げたい）、という願いをもつことは、むしろそれが、ありのままの姿ではないか。ありのままを是認し、支援することは、現状の姿を静態的に追認し固定化することではない。そうではなくて、どのような方向へ向けて次の一歩を踏み出そうとしているのか（発達の最近接領域）を看取し、その成長や変容を後押しすることではないか。

しかし翻って、この側面だけが強調されると、それもまた一面的である。社会福祉は、できなさを抱え、生きることに困難を抱えた人と向き合い、その克服を本人の自己責任に帰すのではなく、できなさを補い支え合う社会をつくる。弱くあることがそのままでも否定されない社会。たとえ生産的な活動に従事できなくとも、生きているだけで人間として「存在すること（to be）」の価値が認められる社会。

つまり、福祉的なまなざしを深めていけば、その根底には、次のようなまなざしがある。それは、人は何かができるから生きている価値があるのではなく、たとえ何もできなくなってしまったとしても、生（いのち）は存在しているだけで尊い。存在の、犯すことのできない尊厳（Dignity）。フロムが「存在〈to be〉」の事例として引き合いに出すのは、「よく見れば　なずな花咲く垣根かな」と詠む芭蕉のまなざしである。何故なしに咲く野の花の、その慎ましい佇まい。何かもっとよいものであろうとするわけでも、何かの役に立とうとするわけでもなく、ただ自然本来の姿でありのままに在る。ただそれだけで、すべてがよしされる世界。そのうえでさらに翻って考えれば、「自然本来の姿」は、決して静態的ではなく、たえずダイナミックに生成し流転する。たえず今とは異なる次の状態に向けて動いている、その動きを促進するのか静止させるのか。ありのまま、というのは、決して今ある現状での静止ではなく、生成・流転・変容しつつあるままに、それを促進するということになるだろう。そこでは、人間（子ども）の自然に即した成長促進を、教育という働きの根本理解とする〈教育×福祉〉的なまなざしが成立している。

〈教育×福祉〉複眼的アプローチの提唱

以上、ここまで論述の戦略として、「ありのまま」と「もっとよく」という二つのまなざしを対比的に、〈福祉的まなざし〉と〈教育的まなざし〉に振り当ててきた。議論の出発点では、マズローのニーズ階層説に依って、下方にある生存や生活の基本を支えるところに福祉の主たる関心を、上方の他者からの承認や自己実現をめざすところに教育の主たる関心を割り当てた。しかし、いま見たような生命（人間）の尊厳、生きて存在することそのものへのまなざしは、かのニーズ（欲求）の階層説からは、うまく説明できない。マズロー自身、自分自身をより成長させようとする「自己実現」について、下位の「欠乏欲求」に対して「成長欲求」であるとしつつ、それを「存在価値」であると説明している。つまり、自分の外にある他者や社会からの評価によって自分の価値を決めるのではなく、自分の存在に内在にする価値にしたがってそれを実現していくのが自己実現であるというのである。

ここでは、自分の存在（Being）をそのままで価値ありとすること（存在価値）と、よりよく生きようとすること（成長欲求）とが、別のものではなく、一つのものとしてとらえられている。言い換えれば、そのままで価値ありとする〈福祉的まなざし〉と、よりよく生きるために学び取ろうとする〈教育的まなざし〉が、その根底にある価値観で一つに結ばれる次元が示されている。とすれば、教育的な「獲得すること〈to have〉」と福祉的な「存在すること〈to be〉」は二者択一ではない。各人に相応しい比重において、その二重の価値を生きるのが人間であり、どちらかだけに一面化してしまわない社会のあり方が求められていると言えるだろう。

以上でもって、「〈教育×福祉〉複眼的アプローチ」の提唱としたい。

ところで、冒頭で述べた教育福祉学類一期生たちによる「おくる言葉」。そこで、卒業後も忘れず心がけたい「教育福祉」で学んだことを、

- 他者とともに考え、学び合うことを大切にすること
- 自分も相手も尊重されるべき一人の人として、向き合っていくこと
- ありのままの自分を出せる場をつくることであり、それを受け入れてくれる場をつくること

という三点にまとめていた(15)。

シンプルで素朴にも見えるフレーズだが、あらためて「〈教育×福祉〉複眼的アプローチ」で三つをセットにして読めば、その含蓄の深さやバランスの絶妙さに思い至る。この小論が、学生たちからのメッセージへの、筆者からのエールを込めたレスポンスとなっていれば幸いである。

5　教育とケアのホリスティックな出会い――包摂、対話、同源

二〇一七年六月、二〇周年を迎えた「日本ホリスティック教育協会」の研究会員部会を母体として、「日本ホリスティック教育／ケア学会」が誕生した。そして、第二〇号までを公刊してきた『ホリスティック教育研究』も誌名を更新し、『ホリスティック教育／ケア研究』を発刊する運びとなった。新しい学会を創設した趣旨については、「創設趣意書」に詳しい[16]。そこには、真摯な時代の課題への応答と、学術的な責務の自覚が語られている。これまでのホリスティック教育ムーブメントの到達点を継承しつつ、さらに信頼性の高い「学知」にまで洗練していくため、「学会」としてのスタートを期したその息吹を感じ取ることができる。

さて、趣意書の冒頭で記された本学会の目的は、「教育やケアへのホリスティックなアプローチ、およびホリスティックな志向を持つ教育やケアに関する研究を進め、深めること」である。ここには、「ホリスティック教育／ケア」が研究の方法論的な概念であり、かつ研究対象を指示す

(15)　教福伝え隊『教育福祉シンポジウム「教育×福祉×自分――この学び、学生の本気で伝えたい」報告書』大阪府立大学教育福祉研究センター／コラボ支援推進室、二〇一六年。

(16)　本学会の創設趣意書は、以下のウェブサイトより確認できる。「日本ホリスティック教育／ケア学会」(https://www.holistic-edu-care.org/本学会について/)。

る概念であることが含意されている。その方法や対象を形容する「ホリスティック」というコンセプトに関しても趣意書で概説され、また、多岐にわたる研究課題が多声的に例示されている。他方そこでは、「教育やケア」という際の「ケア」と「教育」の関係のあり方については明記されていない。この点は、一義的な規定を急がず、学会創設後の共同研究のプロセスの中で探求していくべきものだと考えられた。それにしてもここで、どのような必然性でもって「ケア」を加えることになったのか、そのストーリーだけは振り返っておきたい。

（包摂）

教育を全人性と包括性においてとらえるホリスティック教育の実践と研究において、従来から「ケア」や「ケアリング」の次元には高い関心が寄せられてきた。J・ミラー（著）『ホリスティック教育——いのちのつながりを求めて』（訳書は、春秋社、一九九四年）でもケアリングについて特筆され、日本ホリスティック教育協会の『季刊ホリスティック教育』創刊号（一九九六年）の特集は、「人間と教育の原点＝ケアリング」であった（本章第1節参照）。「ケアリング教育学」の創始者で北米の教育系学術学会で要職を歴任したN・ノディングスは、「ホリスティック教育」への惜しみのないエールを送り続けている。[17]

たとえばまた、『ホリスティック臨床教育学——教育・心理療法・スピリチュアリティ』[18]でケアについて一章を設けて詳述した中川吉晴（本学会副会長）は、立命館大学大学院応用人間学研究科（当時在職）に日本初の「ケアリング研究」という授業科目を設置し、教育系のみならず看護系や福祉系の現職社会人院生が毎年三〇名近く受講した。そもそも「ホリスティック（holistic）」というコンセプトは、whole や holy だけでなく heal や health の語源 holos からの造語であって、教育系だけでなくむしろ健康医療領域での共有が進展している。

教育をホリスティックにとらえたとき、ケアの領域が必然的に包摂される。逆に言えば、近代の学校でのティーチング中心の教育学の視野の狭さを開いて、ケアリングやヒーリングの次元までを包み込んで深めていくところに、「ホリスティック教育」の大切な役割があったわけである。

（対話）

こうして、人を全人として支援する多様な職種の人たちが、「ホリスティック」というコンセプトに引き寄せられて集いはじめた。阪神淡路大震災のあと「心のケア」をキーワードにして支援活動を行った大阪ＹＷＣＡは、関西でのホリスティック教育の一つの拠点だった。心理療法や保育・子育て支援、障がいをもつ人たちとの共育――共同作業所「ぴぐれっと」のドキュメンタ

（17）早くは一九九七年の第一回ホリスティック・ラーニング国際会議基調講演、近年では、John P. Miller, Michele Irwin, Kelli Nigh（2014）*Teaching from the Thinking Heart: The Practice of Holistic Education*, Information Age Publishing への序文。

（18）中川吉晴、せせらぎ出版、二〇〇五年。

リー監督の伊勢真一氏と『弱さの力』（講談社、二〇〇一年）の鷲田清一氏（大阪大学元総長）を招いたシンポジウム（日本ホリスティック教育協会主催）は二〇〇三年に開催されている。そして、二〇〇九年には、ホリスティック教育ライブラリー第九巻『ホリスティック・ケア――新たなつながりの中の看護・福祉・教育』[19]を公刊。この副題のとおり、領域横断的なつながりの中で、多様な職種の執筆者を得た。「ケア学」を提唱した広井良典氏からも玉稿をいただいた。

このように日本ホリスティック教育協会の時代から、学校教育関係者に限らず、ウイングの広い人間支援の隣接領域の会員が集い、対話を重ねてきた。「地域包括ケア」や「チーム学校」（カウンセラー、ソーシャルワーカー、保健師など）が政策化される多職種協働の時代を、「ホリスティック」という概念を共有することで先取りしていたのだとも言える。こういった内発的な展開の必然的なエネルギーが、「ホリスティック教育／ケア」の新学会を誕生させたのである。本学会とその機関誌では、以前にも増して広くケア領域でのホリスティックな研究を歓迎し、既存の専門学会では容易でない異分野をクロスオーバーした出会いと対話の場を創出したいと願うところだ[20]。

（同源）

こうした異なる分野の間の対話によって、教育やケアとよばれる事象を、生の根源にまで遡って探求し、人間理解を深めていきたい。人が人を支え育み教え癒し看取りながら、ともに生を全うしていく営み――そういった生きられる現実の中に、「教育」や「ケア」は区分されることなく埋め込まれている。「ホリスティック」概念の水平方向への広がり（wholeness）だけでなく、垂直方向への深まり（holiness）。その観点からは、教育もケアも、それがそこから立ち上がりそこへと還っていく生の根源にまで遡って理解されることになる。人間にとって教育やケアとは何か、教育やケアにとって人間とは何か、という双方向からの問いを往還的に深めていくとき、教育学や看護学や福祉学といった専門職領域に依拠した学問体系とは別のところに、より統合的な人間学、いわばホリスティックな人間学が成立してくるように予感している。ホリスティック教育の研究大会を子ども家庭福祉学会と共催（二〇一二年六月）したり、統合人間学会と共催で看護学からの発表が並んだ本学会の第一回フォーラム（二〇一八年一月）を開催したりといった試みを、今後も積み重ねていきたく思う。

新学会の名称は、「教育／ケア」と半角スラッシュで微妙に切り結んだ表記となった。その意味合いは、まだ生成途上にある。むしろ、人間という存在そのものが未決定で開かれた存在であるように、あるいは対話がどこまでも完結しない問いを生み続けるプロセスであるように、人間の根源にまで遡って教育とケアのかかわりを問い続けるのが、本学会のミッションだと言えるだろう。

---

(19)　吉田敦彦・平野慶次ほか（編）せせらぎ出版、二〇〇九年。
(20)　このような「対話」のチャレンジが、次世代の研究者たちによってはじめられている。日本ホリスティック教育協会〈河野桃子・福若眞人〉（編著）『対話がつむぐホリスティックな教育――変容をもたらす多様な実践』創成社、二〇一七年。

コラム⑦　応答的自由、あるいはケアの水平軸と垂直軸

校門から足を踏み入れた途端に、背筋が伸びるような凛とした空気につつまれる自由学園。その佇まいの中で、ありがたくも日本ホリスティック教育/ケア学会の第二回研究大会を開催させていただいた。高橋和也学園長の「今ここ」に根ざした語りからはじまったシンポジウムが、今も余韻の残る対話の深まりに恵まれたとすれば、それは、生活の中での信仰を基盤にしたこの学園のもつトポスの力が、その場に働いていたように思えてならない。

パネラー発言の一巡目は、「自由」のあり方を問うた。「たとえ誰も見ていなくても、誰に褒められることがなくとも、靴をそろえて脱ぐのが美しければ、そろえる。そこに、自由学園の自由がある」と高橋氏。いつも人からの「いいね！」の評価を気にして、世間に認められるために生きる。評価と承認のまなざし地獄。その不自由さから解放されて、自由に生きたい。しかも、自分勝手にほしいままに生きる自由ではなくて。それは、いかにして？　その秘訣は？

二巡目、「ケア」を主題にして対話する中で、しだいに、自由とケアの本質的な関係に話が深まっていく。他者の呼びかけや求めに応答するケア。そのケアにおいて実現する自由、「応答的自由」というキーワードが浮かび上がる。それは、評価や承認に応えようとして、自分を失ってしまうあり方と、どう違うのか。そんな問いを抱えたとき、「自由学園の先生はただ一人、イエスキリストだけがこの学校の先生です」という、強烈な創設者（羽仁もと子女史）の言葉に出会う。高橋氏の言葉では「人対象ではなく、神対象の生き方」。ここに秘訣があるとして、

それをより普遍化（理論化）して表現できないか。

そこで、壇上の黒板に、wholeness の水平軸と holiness の垂直軸からなる「Holistic な視座」を簡略化して描いてみた〈図7〉。「生活の中での信仰」になぞらえれば、生活の軸が水平軸。信仰の軸が垂直軸。生活の軸は、具体的には、ケアの軸。つまり、自然や他者を相手に、衣食住をはじめとする人と人とがともに生きるために求められる仕事を実際に行う軸。それを、斜め上から見下ろす誰か（「先生」などの世俗の権威者）から命じられて行うのではなく、あるいは、自分が属する集団社会の評価（これも斜め上からのまなざし）に応えるために行うのではなく、誰からも評価されなくとも、自分のやるべき仕事（召命・Calling）であれば、自分で自分を律して、自分の意志でそれを行う。

そのような自己を支えるのが、真っ直ぐに背筋を伸ばして自分を立たせてくれる垂直軸。このブレない中心軸があれば、自由自在にケアに働き出ることができる。応答（Response）すべき呼びかけ（calling）は、このように水平軸の眼前の他者（汝）と天の彼方からの声として（「天声人語」として）、その交点で聴かれるものではなかろうか。ケアというのは、人の呼びかけの中に天声を聞いて、それに応答すること。あるいは、天声に応えて人に働きかけること。

図7　ケアの Holistic な視座
注：「人間形成の Holistic な視座」を一部改変。
初出：「呼びかけ、語りかけること」（皇紀夫（編）『臨床教育学の生成』玉川大学出版部、2003年）。

それができるとき、人は真に自由になる……。

閑話休題。板書した座標軸は、シンポのあともいくたびか話題になった。大事な問いかけをいただいたシンポジウムだった。


〈初出文献〉

「第2回研究大会報告――今ここからホリスティック教育/ケアの可能性を探る」『ホリスティック教育ケア研究』第二二号、二〇一九年。

初出一覧

第1節　「人間と教育の原点＝ケアリング」『季刊ホリスティック教育』創刊号、日本ホリスティック教育協会、一九九六年。
「日本ホリスティック医学協会一〇周年記念シンポジウムより」『季刊ホリスティック教育』第六号、日本ホリスティック教育協会、一九九七年。
第2節　「ケアの三つの位相とその補完関係――〈ひとり〉と〈みんな〉の間の〈ふたり〉」日本ホリスティック教育協会・吉田敦彦ほか（編）『ホリスティック・ケア――新たなつながりの中の看護・福祉・教育』せせらぎ出版、二〇〇九年、一部割愛。
第3節　「Edu-care 探求の人類史的意義」山野則子・吉田敦彦ほか（編）『教育福祉学への招待』せせらぎ出版、二〇一二年。
第4節　「〈教育的まなざし〉×〈福祉的まなざし〉の複眼的アプローチ」関川芳孝・山中京子ほか（編）『教育福祉学への挑戦』せせらぎ出版、二〇一七年。
第5節　「巻頭言：教育とケアのホリスティックな出会い――包摂、対話、同源」『ホリスティック教育/ケア研究』第二一号、日本ホリスティック教育/ケア学会、二〇一八年。

終　章　【終わらない旅】世界が変わる学び

終章では、二つの時評を掲載して時代動向を概観したうえで、本書のメインタイトルに採用した「世界が変わる学び」の意味合いについて、ホリスティックやオルタナティブといったコンセプトとの関連にも言及しながら考えてみたい。

まず、本書で通覧してきた三〇年間の、バックグラウンドとなる大局的な社会変動と教育改革の動向を追いかけ、予測困難な時代に突入した新たな学習指導要領が改善方針とした「主体的・対話的で深い学び」の真価を問い、ホリスティック志向を強める公教育の方向を確かめる。そのうえで、シュタイナー学校一〇〇周年記念行事の日本での基調テーマ「世界がかわる学び」に触発されながら、「存在を深める学び」や「自己と社会の変容」といった観点から本書の主題について考察し、そこに、ホリスティック教育やオルタナティブな学びとの結びつきを見出す。最後に、既存の世界に自足せず、たえず別様にもありえる世界へと誘うオルタナティブというコンセプトの魅力とともに、そもそもこの世界をホリスティックに把握することの可能性と不可能性という根本的な問いを提示して締めくくる。

「学ぶということは、覚えこむこととは全くちがうことだ。学ぶとは、いつでも、何かがはじまることで、終ることのない過程に一歩ふみこむことである。……学んだことの証しは、ただ一つで、何かがかわることである。」

（林竹二『学ぶということ』国土社、一九七八年）

1　平成三〇年間の社会変動と教育改革の動向

序章以降、二〇世紀に定着した近代教育を問い直しながら、もうひとつの教育のあり方をたずねてきた。ホリスティックな世界観と出会い、シュタイナー学校とともに歩み、平和で持続可能な世界を希求するユネスコやＥＳＤ、オルタナティブで多様な学びの公的認知の活動に参画し、そしてホリスティック教育／ケア学会の創設に至るまでの約三〇年。その軌跡を振り返るとき、そこに何が見えてくるだろうか。

ちょうど平成の三〇年間にもあたるこの期間は、明治以来の近代教育が支えてきた社会とは質的に異なる社会への構造変動がはじまった時期で、それに対応する教育改革も重ねられてきた。まず本節では、本書のバックグラウンドとなる平成という時代の社会変動と教育改革の動向をざっくりと振り返っておきたい。

追いつき型近代化の終了

平成が始まった一九八九年という年は、ベルリンの壁の撤去で東西冷戦が終結し、バブル経済がピークを迎えて以降は崩壊していく転換点だった。臨時教育審議会の答申を受け、「新しい学力観」「ゆとり教育」による改革を方向づけた中央教育審議会が開設されたのも、この年である。

明治維新政府の学制発布以来、「富国強兵」を牽引してきた学校教育は、戦後の教育改革で「強兵」を切って民主化し、高度経済成長による「富国」をめざしてきた。そして八〇年代に欧米先進国をモデルにした「追いつき型近代化」「大量生産型機械工業」による「富国」を達成した。これまでの受験優等生型人材ではそれ以降のグローバル競争の時代に対応できないため、「明治維新」「昭和の戦後」に続く第三の教育改革が必要だというのが臨時教育審議会の認識だった。「個性重視の原則」「生涯学習体系への移行」「国際化、情報化など変化への対応」、さらに「教育の自由化（市場化）」など、「平成の教育改革」は、基本的にここに源をもつ。以下、いま列挙したキーワードの動向を、その社会背景とともに瞥見しておこう。

平成に入って、バブル経済が終わり、不良債権問題が顕在化した。日経連「新時代の日本的経営」（一九九五年）の提唱、護送船団方式の廃止、人材派遣事業の自由化、郵政民営化など新自由主義に基づく構造改革路線が推し進められ、非正規雇用者が急増する。解体が進んだムラ共同体に代わって「昭和」時代に個人を支えた終身雇用制の「会社」共同体の機能が弱体化し、「強い個人」の自助・自己責任の名のもとに、勝ち組／負け組の格差が拡大した。

「個性重視」と「新しい学力観」

さらに、大量生産型工場は台頭してきた人件費の安いアジア新興国へと流出し、国内の産業は空洞化して就職氷河期を迎えた。既存の教科書的知識を詰め込んだ勤勉な優等生は「追いつき型近代化」時代には有能であったが、求められる人材は、他の人と同じようにできる画一的な人材ではなく、他の人にはできない独創力や変化への柔軟な対応力をもつ「個性豊かな」人材へとシフトしていく。情報量の増大や情報更新の加速化によって、必要となる知識をすべて教科書に詰め込んで、人生の若年期に予め学び取らせるスタイルの限界があらわになる。学歴社会から生涯学習社会への移行が求められ、新しい学力観（学んだ知識、のみならず、学ぼうとする意欲、学び取る力の三つ）に基づいて、学校教育は生涯学習の基礎を培うものとして再定義されることになる。

詰め込み教育からゆとり教育へ、画一的な一斉授業からアクティブな総合的学習へ、習得から応用・探求へ、コンピテンシーや学力の三要素など、学力低下論争による揺り戻しはあれども、平成の教育改革の基本ラインは、上記のような産業構造の変動の影響下にあった。

そして、平成の終盤から令和時代に入って、その構造変動は、ＡＩ・ロボット・ＩｏＴ・ビッグデータなどによって、もはや未来予測が困難なものになっている。大学入試は、センター入試も二〇二〇年度から新共通テストに更新され、学力の三要素に配慮した（当初の目論見に比べれば限定的な変更にとどまるが）新たな入試が導入される。その入試改革を先導した高大接続システム改革会議「最終報告」（二〇一六年三月三一日）の次の一文は、近代の学校教育を根本的に問い直してきた本書の文脈からしても印象深い。

「これからの時代に我が国で学ぶ子供たちは、明治以来の近代教育が支えてきた社会とは質的に異なる社会で生活をし、仕事をしていくことになる。このような大きな社会変動の中では、これからの我が国や世界でどのような産業構造が形成され、どのような社会が実現されていくか、誰も予見できない。確実に言えるのは、先行きの不透明な時代であるからこそ、多様な人々と協力しながら主体性を持って人生を切り開いていく力が重要になるということである。また、知識の量だけでなく、混とんとした状況の中に問題を発見し、答えを生み出し、新たな価値を創造していくための資質や能力が重要になるということである。」(傍点は筆者)

グローバル化の光と影――持続可能な社会づくり

「情報化」とともに「国際化」への対応も、グローバル化の光と影が交錯した平成時代の教育改革に大きな影響を与えた。この三〇年、東西冷戦の終結を受け、世界は資本主義の一人勝ちの様相を呈して、グローバル市場化が一気に加速した。多国籍企業やインターネットの国境を越えたネットワークが拡大し、人・もの・金・情報が地球を縦横無尽に往来するようになる。グローバリゼーションは、圧倒的な競争的優位をもつアメリカ的な生活様式の一元的な普遍化であったから、他方で、ローカル文化に根ざした多様な価値を脅かし、多文化主義や先住民文化尊重、過激には原理的な民族主義やテロリズムといったアンチ・グローバリズムを生み出してきた。そして近年では欧米諸国の中でも、グローバル市場で台頭してきた中国との貿易摩擦、国内での移民・難民問題を抱えて、保護的・排外的な「自国ファースト主義」が力を伸ばしている。

この三〇年間にはまた、気候変動など地球規模での問題群の深刻化も伴い、素朴にグローバル市場の原理に委ねるだけでは、持続可能な未来はありえないという認識も強まってきた。国際社会も、ローカルな地域コミュニティや脆弱な人々に配慮した「持続可能な開発」をめざす国連SDGsやCOP等の取り組みを強化している。

このように、平成の入口で「国際化」「グローバル化」が謳われていたときと比べ、その意味合いは三〇年で大きく変化し、「グローバル人材」に求められる資質も変化している。令和の新学習指導要領では、持続可能な未来に向けて問題を発見し解決できる力の育成（ESD：持続可能な開発のための教育）がさらに強調されるようになった所以である。

他にも、平成の時代に急増した不登校と、フリースクール等の学校外の多様な学習機会の拡大（「教育機会確保法」の制定）、それと微妙な関係にある経済産業省のICT導入を柱とする「未来の教室」など新たな次元での「教育の自由化（市場化）」の動向も目を離せない。

このような社会の構造変動の中で、真に求められる「自己と社会が変容する学び」「世界が変わる学び」とはいかなるものか。次の一〇年に向けて実施される新しい学習指導要領は、「主体的・対話的で深い学び」という改善方針を打ち出した。次にこれを吟味してみたい。

2 「対話的で深い学び」――未来の予測困難な時代への応答

周知のように新しく改訂された学習指導要領が二〇二〇年度より小学校から順次全面実施となる。その改訂の要点として、「社会に開かれた教育課程」「カリキュラムマネジメント」とともに、「主体的・対話的で深い学び」に向けた授業改善があげられている。ここでは、この三つめについて、その意義を積極的にとらえなおしてみたい。

「主体的な学び」については、近年では「アクティブ・ラーニング」という標語で、学習者の能動性や主体性を重視した授業改善がすでに進行中である。あるいは戦後の児童中心・経験主義的な新教育以来、豊富な実践の蓄積があると言ってもよい。今般、それのみならず「対話的な学び」「深い学び」が加えられた点に、注目すべきものがある。筆者としてはこれを高く評価し、改訂当事者の企図するところを超える議論になるかもしれないが、その真価をとらえてみたい。

未来予測の困難な、正答のない時代への応答

「対話的で深い学び」を追加することになった厳しい時代認識を確認しておくことが、まず大切である。

「今の子供たちやこれから誕生する子供たちが、成人して社会で活躍する頃には、我が国は厳

しい挑戦の時代を迎えていると予想される。……社会構造や雇用環境は大きく、また急速に変化しており、予測が困難な時代となっている。また、急激な少子高齢化が進む中で成熟社会を迎えた我が国にあっては、一人一人が持続可能な社会の担い手として、その多様性を原動力とし、質的な豊かさを伴った個人と社会の成長につながる新たな価値を生み出していくことが期待される。」（「総則」解説：第一章⑴改訂の経緯より。傍点は筆者）

ポイントは、「予測困難な時代」「持続不可能な社会」「新たな価値の創出」である。社会の急速な構造的変化の行先は予測困難であり、予見できるのはただ、従前とは異なる新たな価値を生み出せなければ、この社会は持続不可能だということである。

この時代認識が、改訂を繰り返してきたかつての学習指導要領とは決定的に異なっている。ほぼ一〇年毎の改訂においては、現状の社会動向から一〇年後の変化を予測し、その変化に対応するためにはどのような改訂が必要となるか、というロジックで新学習指導要領の内容が決められてきた。しかし今回の改訂にあっては、未来の予測は不可能であり、したがって未来像からバックキャストでの改訂は難しい、と、いわば開き直っているわけである。これは勇気ある開き直りだと思う。もちろん諦めて丸投げしているわけでない。むしろ、大人たち自身が明確な正答をもつことができない限界を認めたうえでの、不確かな未来に向けて子どもたちを教育する（せざるをえない）ことの困難性の自覚だとすれば、これを前提に据えることは意義深い。そこから、世代を超えて、未来への問いを共有した協働をはじめることができる。

それゆえ、「未来の創り手としての児童生徒」とか「子供たちが未来社会を切り拓くための資質・能力の育成」とかいう言辞が（「創る」や「拓く」という漢字とともに）多用されるが、これは美辞麗句ではない。「大人たちがつくった（持続不可能な）現在社会に適応するための資質・能力ではない」という謂いであり、先行世代が正しい答えだとしてきた価値や考え方を根本から問い直して、未来へ向けて新たな地平を切り拓いてくれることを期待しているのである。

正答を結論づけない「開かれた対話」

「社会適応」「価値継承」のための教育から、「価値変容」「社会創造」のための教育へ。この重点シフトのために新たに加えられたのが、「対話的な学び」と「深い学び」である。とすれば、そこでまず「対話」において重要な視点となるのは、「開かれた対話（オープンダイアローグ）」であり「（異質な）他者との対話」だろう。それは、（広義には「対話」に含まれるような）「話し合い（ディスカッション）」や「討議（ディベート）」や「意見交流（コミュニケーション）」よりも、狭義の強い意味での「対話」である。問いが問いを生み、ある一つの答えに収斂できないまま、それでも対話を継続していくこと自体に意味を見出すようなオープンエンドな対話。自分とは異なるストーリーを生きている、理解しえないと思えるような他者とも、自分のストーリーに同化させてしまうのではなく、違いを違いとして確かめ合いながら語り合う対話（本書第2章第6節参照）。

そのような対話に忍耐強くかつ歓びをもって参加する力が、正答のない時代に多様な人々と協働するために求められている。絶対的に正しいことの定義が困難な中で、ともすれば「何でもあり」の相対主義に陥ったり、社会が統合性を失ってしまったりする危険と向き合いながら、多様性を原動力として活かしていくには、ギリギリのところで対話を続ける力が不可欠だからである。ここでは立ち入れないが、それはポストモダン以後の現代思想において「対話」が鍵概念として浮上した所以でもある。(1)

自己と社会の「変容」に導く「深い学び」

つぎに「深い学び」について。AI用語の「ディープラーニング」の影響は今は措くとして、指導要領の解説では、「深い学びの鍵として「見方・考え方」を働かせることが重要になる」とされ、その「見方・考え方」とは、「どのような視点で物事を捉え、どのような考え方で思考していくのか」であると記されている。つまり、［Ⅰ］物事を捉えた内容（メッセージ）のレベル、［Ⅱ］その物事を捉えたときの見方・考え方（コンテキスト）のレベル、［Ⅲ］その見方・考え方について問い直す（メタ・コンテクストもしくはパラダイム）レベルという三層があるとして、従来の［Ⅰ］〜［Ⅱ］の学びに対して、［Ⅱ］〜［Ⅲ］の学びが「深い学び」だと解釈できる。G・ベイ

(1)「対話」概念について詳しくは、拙著『ブーバー対話論とホリスティック教育――他者・呼びかけ・応答』勁草書房、二〇〇七年を参照。

トソンの「学習Ⅰ→学習Ⅱ→学習Ⅲ」（『精神の生態学』[2]）やJ・ミラーの「伝達（トランスミッション）→交流（トランスアクション）→変容（トランスフォーメーション）」（『ホリスティック教育』[3]）といった学びの深化の理論が解き明かすように、学習Ⅲや「変容」が生じる学びは、暗黙の前提としている既存の見方・考え方を意識的にとらえ返し、その自明性がゆさぶられ、世界が違って見えるような、新しい気づき――世界観や価値観の変容、それを通した自己変容――に誘われる「深い学び」である（本書第1章を参照）。

折しも、持続可能な社会に向けてESD（持続可能な開発のための教育）を推進してきたユネスコは、よく知られた「学習の四本柱」に加え、「自己と社会を変容させる学び」が重要だと提唱しているところだ。「対話的で深い学び」を、このような「変容」に誘う学びにまで深めてとらえておきたい。また、GCED（地球市民教育：Global Citizenship Education）とESDの協働に向けてユネスコが発行した教師ガイドブックには、両者が共有すべきヴィジョンは「ホリスティック教育学（Holistic Pedagogy）」であると明記された。[4]ホリスティック志向を強める公教育界の今後の動向に期待を寄せたいと思う。

3　世界が変わる学び――シュタイナー教育一〇〇周年のテーマから

シュタイナー学校創設一〇〇周年に寄せて

「世界がかわる学び」――チラシやパンフレットの表紙、講演会場のタイトル・パネルに、淡い水彩グラデーションでデザインされた優しい字体の、このキャッチフレーズが躍る。二〇一九年、シュタイナー学校創設一〇〇周年の記念イベントが、日本各地でシリーズ開催されていた。最初のシュタイナー学校がドイツで創設されたのが、一九一九年。今は世界中に一〇〇〇校以上あるシュタイナー学校が協力し、「LEARN TO CHANGE THE WORLD」を統一テーマに記念行事を展開した。これをそのまま訳せば「世界を変える学び」となるであろうが、日本シュタイナー学校協会の一〇〇周年実行委員会は、「世界がかわる学び」を基調テーマとしていた。行事に足を運ぶたびに、和語のこのフレーズに魅せられた。

「世界を変える学び」も意義のあるもので、それを否定するのではないが、「世界が変わる学

（2）　G・ベイトソン（著）佐藤良明（訳）思索社、一九九〇年。
（3）　ジョン・P・ミラー（著）吉田敦彦・手塚郁恵・中川吉晴（訳）『ホリスティック教育――いのちのつながりを求めて』春秋社、一九九四年。
（4）　UNESCO (2016). *Schools in action, global citizens for sustainable development: a guide for teachers*, pp. 11-12.

び[5]」と対比してみるとき、そのニュアンスに違いがあって、とても興味深い。この違いは、これまで本書でみてきたシュタイナー教育の、そしてホリスティックやオルタナティブというコンセプトの核心に触れるものだと思う。世界と主体の関係、世界の中での自己のあり方や立ち方の違い、あるいは「変える」と「変わる」の他動詞と自動詞（前者はchangeであるが、後者はtransformに近い）の違い……。深読みが過ぎるかもしれないが、立ち入って考えてみたい。

「世界を変える」の場合、私が世界を変化させる。その私は変わらなくてよい。変わるべきは世界である。解決すべき問題は、世界の方にある。世界を変える主体（主語）としての私が、客体としての世界（目的語）に変化を加える。そのとき私は、変える世界の外に立っている。世界を自分の向こう側に置き、距離をとって対象化し、操作的・技術的に世界を変化させる。そして、そのために必要な知識や技能や行動力を身につける学びが、「世界を変える学び」。

だとすれば、対比して「世界が変わる学び」の場合はどうか。自分が変わり、世界が変わる。世界の外ではなく、その只中で、その世界を私は生きている。世界を見聞きし感じ取り、それに働きかけ、働きかけられながら、私はその世界に存在している。世界は自分の向こう側で変えられるのではなく、自分を通して変わる。自分の世界へのかかわり方や認識の仕方、世界の中での存在のあり方が変わるような学びを通して、世界が変わる。それが、「世界が変わる学び」だと考えてみたい。

東京でのシュタイナー教育一〇〇周年記念イベントでは、オルタナティブ教育の国際研究[6]とユネスコ・ESD研究を牽引する永田佳之さん（本書第3章とくに第7節参照）と筆者が対談講演する機会をいただいた。その演題「存在をはぐくむ学び――持続可能な社会と教育の未来」は、「世界がかわる学び」という基調テーマに触発されて設定したということを、冒頭の趣旨説明で述べた。おのずと、学びにおける「自己と世界の変容」と「存在の深さの次元」が対談の焦点の一つとなった。

ホリスティックな変容と存在の深まり

たとえば、ユネスコの二一世紀教育ヴィジョンの「学びの四本柱」が、「知るための学び（Learning to know）」「為すための学び（Learning to do）」「共生するための学び（Learning to live together）」、そして「存在を深めるための学び（Learning to be）」であること、さらに注目すべきは、ESD推進の渦中でユネスコは、この四本柱にもう一つの柱、「自己と社会を変容させる学び（Learning to transform oneself and society）」を加えたことを紹介した。この「存在」や「変容」を

（5）シュタイナー学校一〇〇周年行事の基調テーマでは平仮名で「かわる」としているが、本書では以下（本書のメインタイトルも）漢字で「世界が変わる学び」と記す。一〇〇周年テーマからインスパイアされたものの、筆者の観点から本書の文脈に引き付けて読み取り直したので、元テーマの趣旨に即しているとは限らないためである。

（6）永田佳之『オルタナティブ教育――国際比較に見る21世紀の学校づくり』新評論、二〇〇五年ほか。

どうとらえるか。対談では、「政治」と「経済」の次元から分節したユネスコとシュタイナー教育が共有する「文化・精神」の次元（本書第3章1節参照）、E・フロムの『*To Have or To Be*』の「所有価値」と「存在価値」（本書第4章4節参照）、オーストラリアのシュタイナー学校の先生によるESDを根底で支えるスピリチュアリティのイメージ図などを参考にして、それを探求した。

「存在の深まり」や「自己変容と社会変革の統合」が、「変容（transformation）」という垂直方向の学びの深化理論[7]をもつホリスティック教育学の主要な関心であることは、本書でも第1章から折にふれて見てきた。私たちが世界を見ている見方・考え方が、従来のままでは通用しなくなるとき、それがゆらぎ、軋み、その世界解釈の枠組みそのもの（パラダイム、地平、ストーリー、世界観など）が更新を余儀なくされる。そのような「深い変容」によって、世界は、これまでとは違った姿で見えてくる。これまでは見えなかった世界の存在の次元に触れることができる。人生における転機や社会の行き詰まり（持続可能性の危機）において生じる世界解釈の枠組みの転換は、最も深い次元での「世界が変わる学び」と言えるかもしれない。

対談では、マハトマ・ガンジーの箴言として知られる次の言葉も引用した。

「世界に変化を見ることを望んでいるなら、あなたがその変化になりなさい。Be the change that you want to see in the world」

「平和のための戦争・暴力」が常態化する中で、ガンジーは、このように訴えた。暴力のない世界を望むなら、まず自分から、決して暴力を使わないことを決意すべきだ、と。全体としての世界を変えることは難しい。むしろ、私自身が、その変化を生きることの方が可能かもしれない。世界が変わらない中で、私から変わることも容易でないが、そこからしか世界が変わりはじめることはないだろう。「世界を変える学び」ではなく「世界が変わる学び」は、このようなガンジーの提言に通じるものがある。

世界が変わるオルタナティブな学び場づくり

そしてこれは、「オルタナティブな社会運動」と総称されるものがもつ志向性でもある。つまり、問題のある既存の社会に反対し、抵抗し、その社会を変革しようとするよりも、生み出したい変化を、自分の身近な、できるところから小さくても創り出してみる。メインストリームの社会を全体として変えようとするよりも、今は少数であっても同じ変化を望む人たちでその変化を実際に体現する。メインストリームの周縁部に、もうひとつ別のオルタナティブを創り出す。たとえば、大きなシステムとなった公教育を変革するよりも（変革するためにも）、まずは自分たちが望む学び場を手づくりしていこうとするオルタナティブな学校づくりのムーブメントは、この志向をもっている。世界を全体として変えるよりも、自分たちが今ここで小さな変化を創り、それを実際に生きることによって、しだいに世界が変わっていくことをめざしている。

(7)「変容学習論」について近年の研究では曽我幸代『社会変容をめざすESD――ケアを通した自己変容をもとに』学文社、二〇一八年を参照。

さらに言えば、「学校に子どもを合わせるのではなく、子どもに合わせて学校をつくろう」というのが、オルタナティブな学校づくりのキャッチフレーズだった（本書第3章2節）。これは、社会に子どもを適応させるのではなく、子どもに合わせて（子どもが健やかに成長できる）社会をつくろう、と敷衍《ふえん》することもできる。子どもは手段ではなく、目的である。学びの目的の第一義は、学ぶことによって子どもの生きる世界が豊かになり、子どもの人格が形成されることであって、社会を形成する（世界を変える）手段としての学びは二義的なものだ。二つを対立的にとらえる必要はない。子ども時代のその時々の〈今・ここ〉を豊かに生き尽くしていく学びを体験した子どもは、やがて成長して健やかな社会を生み出していくことだろう。そうして世界が変わっていくだろう。社会への適応や未来社会に役立つ人材育成を偏重する教育観を正しく据え直すこと（前節で見たように、公教育界にもその志向を見出すことができる）。子どもの〈今・ここ〉に寄り添う学びを通して、結果として未来の世界が変わっていく、そのような「世界が変わる学び」。未来は、子どもたちの〈今・ここ〉の現在にある（本書の序章第3節、第1章第1節のメキシコ体験に着想を得た未来中心の教育観と現在中心の教育観の対比を想い起こそう）。

以上、「世界を変える学び」と対比させて、「世界が変わる学び」のもつ意義について見てきた。そしてこれが、シュタイナー教育のみならず、ホリスティック教育やオルタナティブな学び場づくりにも通じることに言及した。本書のタイトルを『世界が変わる学び――ホリスティック／シュタイナー／オルタナティブ』とした所以である。

4　ホリスティックのオルタナティブ性――そこを超えて、もっと遠くへ

もうひとつの世界へのあくなき憧憬

最後にまた、子どもの頃のエピソードをもう一つだけ紹介したい。

小学三年生の秋頃だったかと思う。教室の水槽で、金魚やドジョウやタニシを飼っていた。放課後だったのだろう、友達と二人だけで、何とはなしに水槽の中を眺めていた。水草や石のトンネルなどもあって、その世界の中で金魚たちは満ち足りているように見えた。

「この金魚は、いま僕らが見ているの、気づいてるのかな。」

「気づいてないよね、きっと。」

どちらが言い出したのかは、今は定かではない。次の瞬間、ハッとしたように、二人で顔を見合わせた。

「僕たちも大きな水槽で飼われていて、今どこかで誰かが見ているのかも。」

「気づいてないだけで?!」

胸がキュンとなり、ドキドキした。何かとてつもなく大切なことに気づいてしまった、といったこの感覚。この問いは、ずっと忘れないように思った。

そして実際、それから五〇年を生きてきて、今こうして思い起こし、はじめて書き記した。九歳のときのこの問いに、本書でたどってきた旅路の原点があるのかもしれない。

金魚鉢の世界が、それだけで完結しているのではなく、その外にもっと大きな世界が広がっている。この世界がすべてではない。気づいていないだけで、その外部に、もう一つ別の世界が広がっている。学校の教室が小さく狭く感じられて、この金魚鉢から飛び出したくなる。「もうひとつの世界」「オルタナティブ」への、あくなき憧憬と思考の原点が、九歳のときのこの日にあったかのように思える。

あるいは、「ホリスティック」、全体性と超越性への問いが、この感覚に結びつくのも面白い。次のように考えてみると、たしかに大切なことかもしれない。

金魚鉢の世界、それが全体ではない。その中にいると、その外部にもっと広い世界があることは、気づきにくい。この世界は、もっと大きな世界の部分に過ぎない。つまり、部分を見て全体だと思い込んでしまうことへの戒め。しかし、もっと大事なのは、その大きな全体を見て取る視点を、私たちがもちえないという気づきだ。この世界全体を見下ろして、私たちを眺めている眼差し――それが有るのか無いのか。あの日、その問いに触れたのが、とてつもないドキドキ感の所以だった。

無限に開かれる全体世界

金魚鉢を俯瞰するように眺めている自分、その自分を含んだ世界が、一回り大きな水槽のような全体世界。としても、そのさらに外部に、自分の世界を見渡す、より包括的で全体的な世界がありえる。がしかし、その世界も、そこで完結できない。その世界を超えて、もっと大きな世界へと、無限に開いていくことができる。

たえず、そこを超えて、もっと遠くへ、その先へと。最大の自然数というものが、たえずそれに＋1できるために存在できないように、最大の全体世界というのは、存在しない。

E・レヴィナスの『全体性と無限』[8]や、近年ではマルクス・ガブリエルの『なぜ世界は存在しないのか』[9]が主題化したような、「全体性」のパラドクス。全体としての世界を見下ろすような視点に立って、これが全体であると見立てた途端に、その俯瞰している視点は外部にあるわけだから、見立てられたそれは全体ではなくなる。すべての領域を包摂する領域である全体としての世界、というものは存在しない。たえず無限に開かれていく生成する動態があるだけだ。

「トータリティ」への対照語としての「ホールネス」は、閉じて存在する「全体」に対する、開かれた生成する「全体性」を言い表そうとした。

（8）エマニュエル・レヴィナス（著）合田正人（訳）『全体性と無限――外部性についての試論』国文社、一九八九年。
（9）マルクス・ガブリエル（著）清水一浩（訳）講談社、二〇一八年。

「木を見て森を見ない」ことを戒めるホリスティックな見方とは、全体を見よう、ということではなく、あくまで部分を見て全体だと思い込まないためのパラダイム。これが全体だと、そう思った瞬間に、その外へ、もうひとつの世界へ誘い出すこと。それがホリスティックな思考のはたらきなら、その意味で「オルタナティブ」への志向を必然的に伴うことになる。あるいは、ホリスティックのオルタナティブ性を看過すれば、それは容易に全体主義へと傾斜する、ということだ。

さらに言えば、その外へと誘われ出て、そこで会うのが、他者。出会いは、自分の世界の外へ出て会うこと。自分とは異なる他者の他者性との出会いと、そしてブーバーの言うような対話（本書第2章第6節）。金魚鉢の中にとどまっているかぎり、出会いはない。

そうであるにしても、「全体」という語は誤解も呼び込みやすい。――一九九〇年代に語られた「ホリスティック教育論」は、その誤解を免れるほど十分には洗練されていなかった。それゆえ、拙著『ホリスティックな世界観』（一九九九年）第2部は、その批判的検討に充てられたし、レヴィナスを踏まえたブーバー対話論によって「ホリスティック」の吟味を試みたのが『ブーバー対話論とホリスティック教育』（二〇〇七年）だった。ポストモダニズム以降のM・ガブリエルの「新しい実在論」などを踏まえた上記のような全体性の省察については、あらためて本格的に取り組みたい。

そこを超えて、もっと遠くへ

今一つ、先の金魚鉢のメタファーによって誘われる魅力的な問いが、「ホリスティック」のもう一つの側面である超越性（聖性）をめぐる問いだ。

この小さな世界を、それが全体だと思わないこと。この世界がすべてだ、と思ったとき、それを超える世界の外部は、必ずあるということ。此岸の、見渡せる世界の向こう側に、彼岸の、不可視の世界がどこまでも開かれている。慣れ親しんだ此岸の俗世間に対する、それを超え出た彼方の、手にすることも知覚することもできない超越的な聖なる世界。いや、「世界」は存在しないのであるから、それを超え出ていく超越性としての聖性。全体性は、オルタナティブ性とともに、この超越性（聖性）をもつことで、無限に境界を越えていく運動性・生成性を担保される（wholeness だけでなく holiness を併せもった、w のつかない holistic）。

シュタイナー教育にしてもモンテッソーリ教育にしても、なにゆえに神智学的な志向（＝あらゆる宗教の、その根源に共通する超越的な経験そのものの探求）に近親的であるのか。そして、その志向を抜き去れば、じつは容易に世俗のエリート主義的な教育に堕するのか。そのあたりの事情にも通じるものだ。

近代の学校は、一般的に近代という時代のもつ特性を前提として、世俗の価値だけに自足してその外部の超越性との交渉を断ち切り、その閉じた世界がすべてだと見なして成り立っている。それを超えた価値への想像力を枯渇させた中で、学校の世界だけがすべてだとする学校絶対視

（全体視）。自己完結する学校を超えて、学校外の多様な学習活動の可能性を、現実社会の中に実現しようと試みてきたオルタナティブ教育の試み（第2章、第3章）も、教育のオルタナティブとしてのケアや福祉（生活や存在そのものの価値）との出会い（第4章）も、このような文脈の中に位置づけることができる。

とまれ、本書をまとめることでクリアになってきた、こういった「教育のオルタナティブ」と「ホリスティック」「ケア」「超越性」をめぐる問いは、いずれ本格的に、理論的思想的に論じたい。以上、ここではスケッチ（素描）にとどめておこう。

初出一覧

第1節　「時評　「平成という時代」の教育改革――その背景を素描して振り返る」『教育ＰＲＯ』第四九巻一七号、二〇一九年。

第2節　「時評　「対話的で深い学び」を捉えなおす――予測困難な時代の新学習指導要領」『教育ＰＲＯ』第四九巻二二号、二〇一九年。

第3節　書き下ろし。

第4節　書き下ろし。

おわりに

最初の拙著『ホリスティック教育論』（日本評論社、一九九九年）を三〇代の終わりに上梓したとき、そのエピローグを「答えではなく、問いを生きる」と題した。そこに、リルケの『若き詩人への手紙』の一節を引いた。

「あなたの中で解き明かされぬ、すべての問いに忍耐強くあれ。そして、問いそのものを愛せよ。……（中略）……　今は問いを生きよ。いつの日か、その道のりの果て、気づかぬうちに、あなたはその答えを生きているだろう。」

それから毎年のように、シュタイナー学校高等部の生徒たちと、この一節を朗唱してきた。これから人生の大海原に漕ぎ出す最終学年の生徒たちへの、大きな問いと向き合う「哲学」の授業（数回シリーズ）を担当していて[1]、毎回の授業のエンディングに、この「今は問いを生きよ」を唱えた。問いを生きて齢を重ねた自分は、「いつの日か、その道のりの果て、気づかぬうちに」のフ

（1）京田辺シュタイナー学校では一期生からずっと、神奈川県の藤野町にあるシュタイナー学園では高等部の二期生から、近年は北海道シュタイナー学園いずみの学校高等部でも、「哲学」の授業をさせてもらっている。

レーズが他人事でなくなってきた。「気づかぬうちに、あなたはその答えを生きているだろう。」さて、自分は、どのような答えを生きていると言えるのか。もうひとつの教育のかたちを問い、その都度の出会いに応答して、仮置きした答えを生きてみては問い直してきた。そうして自分は変わってきたのか、変わらなかったのか。世界は変わってきたのか、変わらなかったのか。

本書は当初、『もうひとつの教育を問い続けて――ホリスティック教育／ケアへの軌跡』というタイトルのもと、ライフヒストリーをたどる時間軸を意識して構想した。問い続けた道のりを時系列で追いかけながら、そこで出会ったさまざまな契機を織り込みつつ、最後には「ホリスティック教育／ケア学」（という答え?）にたどりつくというストーリー。

ところが実際に編んでみると、一筋縄の（ヒ）ストーリーにはならない。そうしようとすると窮屈になる。むしろ、「ホリスティックな世界観」「シュタイナー学校づくり」「ユネスコやオルタナティブ教育」そして「ホリスティックな教育とケア・福祉」といった広がりをもつ四つの章が、オーバーラップしながら浮かび上がってきた。そして、それぞれが未解決の問いを抱えたまま、逆に言えば過去の遺物にならずに、今ここにある未来への切実な問いかけに応答しようとしていた。各章が織りなす、開拓途上の肥沃な領野が目の前に開けている。

その広い沃野の可能性を表現する「世界が変わる学び」というキーワードに出会って、終章で解説したとおり、新たな書名『世界が変わる学び――ホリスティック／シュタイナー／オルタナティブ』が決まった。本書が、ホリスティックな教育やケア、シュタイナー学校やオルタナティブな学びに――それらすべてでなく、どれか一つにでも――関心を寄せる読者に手にとってもらえればと望んでいる。入口は一つでも、それらが折り重なりながら開けてくる世界が、新たな学びを誘う触発的なものになっていれば幸いだと思う。

他方で、本書のとくに前半は、プライベートなエピソードも多用したストーリー仕立てになっている。自己変容をとらえるライフストーリーのナラティブ研究がそうであるように、このような個的でパーソナルな語りのなかに、並行する時代性も重ね合わせて、何かしら普遍的な意味を読み取っていただければありがたい。自分にとって大切なエッセイを集めたが、私的な回顧録に堕していないことを願う。

早いもので、二冊目『ブーバー対話論とホリスティック教育』（勁草書房、二〇〇七年）、三冊目『世界のホリスティック教育』（日本評論社、二〇〇九年）という単著を世に問うてから、すでに十年が打ち過ぎた。この間、大学の改組統合を担う部局長や副学長を拝命して、学務の比重が大きくなった。それでも幸い、四年×三期の一二年間にわたり、まさにホリスティック教育学・シュタイナー学校・オルタナティブ教育を研究課題とする科学研究費補助金を得たのが、研究活動の

（2）　いずれも基盤(C)で課題名は、「ホリスティック教育学の観点による日本のシュタイナー学校の実践事例に関する研究」（二〇〇八―二〇一一年度）、「日本のシュタイナー学校における公共的総合的な教育課程と自己評価法の開発と検証」（二〇一二―二〇一五年度）、および「日本のオルタナティブ学校の教育課程・学習計画・認証評価・スタッフ養成に関する研究」（二〇一六―二〇一九年度）。

後押しとなった。本書後半のいくつかのレポートはその成果の一端であるが、学術的な研究は別の書物（終章の最後に言及した『教育のオルタナティブ』というタイトルを想定）にして公刊すべく、並行して用意している。

本書を編みながら、人生の折々で、つくづく自分が出会いに恵まれてきた有り難さを噛みしめました。そして、にもかかわらず、その恩義を返すことにいかに無頓着で非礼を重ねたかを省みる機会ともなりました。恩師や友人・同志、お世話になった数多の方々には（ここに御名前を記して表す紙幅はないのですが）、本書をお届けすることで心よりの感謝の気持ちに代えさせていただきたく思います。ミネルヴァ書房の日和由希様には、じっくりとよい本にしたい、と懇切丁寧なお仕事を頂戴しました。記して感謝申し上げます。

最後に、世代から世代へのバトンを、本書をもって渡していくことになる、との思いが募ります。特に日本ホリスティック教育／ケア学会に集う皆さんへ、そして家族――妻と三人の我が子のみならず、ともにシュタイナー学校にて大きな家族のようなコミュニティを創ってきた学校づくりの仲間たちへ、ありがとう。そして、これからのこと、どうぞよろしく！

二〇一九年一二月吉日

還暦を迎える年に、京都祝園の寓居にて　吉田敦彦

《著者紹介》
吉田敦彦（よしだ・あつひこ）
1960年　大阪府生まれ。
1988年　京都大学大学院教育学研究科博士後期課程単位取得退学。
2006年　京都大学「博士（教育学）」（論文博士）。
現　在　大阪府立大学副学長，人間社会システム科学研究科・教育福祉学類教授。日本ホリスティック教育/ケア学会会長。日本シュタイナー学校協会専門会員。日本ユネスコ協会連盟理事。
主　著　『ホリスティック教育論——日本の動向と思想の地平』（単著）日本評論社，1999年。『ブーバー対話論とホリスティック教育——他者・呼びかけ・応答』（単著）勁草書房，2007年。『世界のホリスティック教育——もうひとつの持続可能な未来へ』（単著）日本評論社，2009年。『いのちに根ざす日本のシュタイナー教育』（共編著）せせらぎ出版，2001年。『持続可能な教育と文化——深化する環太平洋のESD』（共編著）せせらぎ出版，2008年。『ケアと人間——心理・教育・宗教』（共著）ミネルヴァ書房，2013年，ほか多数。

世界が変わる学び
ホリスティック／シュタイナー／オルタナティブ

2020年４月30日　初版第１刷発行　〈検印省略〉

定価はカバーに
表示しています

著　者　吉　田　敦　彦
発行者　杉　田　啓　三
印刷者　中　村　勝　弘

発行所　株式会社　ミネルヴァ書房
607-8494　京都市山科区日ノ岡堤谷町１
電話（075）581-5191（代表）
振替口座　01020-0-8076番

中村印刷・新生製本

ISBN978-4-623-08820-1

Printed in Japan

コミュニティ・スクールの成果と展望
●スクール・ガバナンスとソーシャル・キャピタルとしての役割
佐藤晴雄 著
A5判三五四頁
本体五五〇〇円

持続可能な開発のための教育（ESD）の理論と実践
西井麻美ほか 編著
A5判三〇四頁
本体二八〇〇円

現代教育福祉論
●子ども・若者の自立支援と地域づくり
辻　浩 著
四六判二二四頁
本体二四〇〇円

言葉を選ぶ、授業が変わる！
ピーター・H・ジョンストン 著
長田友紀ほか 編訳
四六判二七二頁
本体二四〇〇円

「無理しない」地域づくりの学校
●「私」からはじまるコミュニティワーク
岡山県社会福祉協議会 監修
竹端　寛ほか 編著
A5判二四四頁
本体二五〇〇円

時代背景から読み解く西洋教育思想
藤井千春 編著
A5判二四〇頁
本体二五〇〇円

―――ミネルヴァ書房―――
https://www.minervashobo.co.jp/